「こじれたココロ」に
振り回されてしまうあなたへ

斎藤一人 すべての感情は神様からの贈り物

斎藤一人

高津りえ公認スピリチュアル・カウンセラー養成校代表
斎藤一人生成発展塾高津りえ校塾長
高津りえ

廣済堂出版

一人さんより

りえ先生は いつもすてきな本を書いてくれるんだけど、
今回のこの本は、感情について話してくれました。
感情ってね、ひとつ起きたことに対して、
1人ずつ思うことが違うんです。
だけど、全部正しいんだよね。
自分の感情を信じて生きていくって、
スピリチュアル的にすごく大切なことだと思うから、
こんなすばらしい本を一緒に書くことができて、
私もうれしいです。

斎藤一人

はじめに

こんにちは。スピリチュアル・カウンセラーの高津りえです。

人生には、さまざまな「問題」がつきものです。どれほど恵まれているように見える人にも、大きかったり、小さかったりする問題が日々起きています。

問題に直面したときには、「感情」が湧き起こります。反射的に、いやな感情も抱きますよね。それはとっても自然なことです。

だけど、その感情に振り回されると、人生はとたんにつらいものになってしまいます。わたしの師匠である斎藤一人さんは、こう言います。

「心は状態がコロコロ変わるから、ココロっていうんだよ」

そう、人の気持ちはコロコロ変わって当然なんですね。

まず、このことを知っておくと、ちょっと安心できるかもしれません。

わたしのカウンセリングや講演会には、多くの問題を抱えて、「幸せな人生って、なんだろう？」と不安に感じている方がたくさんお越しになります。

不安、恐れ、悲しみ、怒り、苦しみ、憎しみ、恨み、妬《ねた》み嫉《そね》み。

そんな、どんよりとした感情を心の中に抱く元気のない人たちが、「自分は、愛と光だった」と思い出せるように少しでもお手伝いするのが、わたしの役目です。


本来、人の魂には愛と光しかありません。もしも、どんよりとした感情にいつまでもとらわれているとしたら、それは「自分の意思」にほかなりません。

とっさに感情が湧き起こること（一人さんは、これを「心コロコロ」と呼びます）はコントロールできないけれど、「自分を苦しめる感情を持ち続けない」ことはできます。心の状態は、「あなたの意思」でいくらでも変えることができるのです。


「あなたは、いまどんな感情を選びますか？」

神様はいつも「人生に起こる問題」を通じて、わたしたちに「自分を幸せにする感情の選び方」を問いかけていらっしゃいます。

一人さんは、心コロコロの魔法使いです。

ほかの人たちが眉をひそめるような場面でも、いつだって自分が楽しくなる感情を選んで、どこ吹く風で笑っています。

「もともと、そういう恵まれた性格だったんじゃないのかしら」

「怒りっぽい（あるいは気弱な）わたしにはむずかしそう」

そんなふうに感じる方もいるかもしれませんね。

でもね、じつは一人さんって短気なんです（笑）。


「わたしは、怒ることもあるし、気が強い。そして、日本一、飽き性かもしれないよ。でも、こうした性質が、仕事をするときにものすごくパワーになってきたんだ」

以前、こう話していたことがあります。

そう、一人さんは怒りや悲しみを仕事への情熱に変えて、絶対に人を攻撃することには向けないんです。言い換えれば、一人さんは感情豊かでエネルギッシュだから、あれほど成功できたのかもしれません。


すべての感情は、神様からの贈り物。

必ず、「よきことにつながる置きどころ」があります。

あなたが苦しくならない「心コロコロの魔法」があります。

不愉快な感情が湧き起こったときにこそ、おもしろいことを考えて、笑顔で楽しい言葉を使うと、心はコロッと変化するんです。これが「心コロコロの魔法」です。


魔法使いの一人さんから教えてもらった「心コロコロの魔法」を、魔法使いの弟子であるわたしが、どんなふうに使いこなしているのか？

この本には、そのすべてを書き綴《つづ》ってみたいと思います。

まずは、お師匠さんの魔法使い――一人さんに登場してもらいましょう。

高津りえ

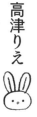

斎藤一人　すべての感情は神様からの贈り物　目次

序章

不幸な感情が湧き起こったら、幸せなことを考えるんだよ

一人さんのココロのつぶやき

第1章

感情は、心のありようを示す「道しるべ」

第2章

プラスの感情をいとおしむための習慣

第3章

マイナスな感情とのつき合い方

第4章 愛情があふれてくる生き方

第5章

感情を整えて、神様に喜ばれた人の物語

序章

不幸な感情が湧き起こったら、幸せなことを考えるんだよ

一人さんのココロのつぶやき

不幸は、湧いてくる「感情」だけど、
幸せは、自分の「意思」なんだよ。

ひとり

幸せになるって自分で「意思」を定めれば、
いつの間にか「幸せな道」が
できあがるのね。

りえ

はい、一人さんです。

「感情」がない人っていないんです。

人の魂はエネルギー体なので、なにかを見たり聞いたりすると、「うれしい」「怖い」「楽しい」「悲しい」「心配だ」「頭にきた！」って、ブルブルと震える。

その震えが、感情なの。

では、なぜ神様が人に感情を与えたのかというと、感情があることで幸せになれるからです。

「じゃあ、幸せって感情のことなんだね」って思うかもしれないけど、それは違います。こんがらがらないでほしいんだけど、幸せって「意思」なんです。「不幸」が感情なの。

感情は自然と湧き上がるものだから、自分で意識しなくても、「やった！」って喜んだり、「うれしいなあ」って涙が出たり、胸がときめいてドキドキしたりするだろ？

あなたがコントロールをして、無理やり湧き上がらせているわけじゃないよね。

それから、瞬間的に「いやだ」って思ったり、ムカッときたり、恨みがましくなる感情だってある。それもあって当然なの。

そうやって「自然と湧いてくる、不幸も喜びもごっちゃの感情」に対して、幸せっていうのは、「幸せになると決めた意思」のことなんです。

意思が定まってないと、不幸な感情が次々と湧き起こるようになる。それどころか、その振動に翻弄《ほんろう》されるようになっちゃう。

翻弄された人は、まだどうなるかわからない未来のことまで心配し続けるようになっちゃうんだよ。そうすると、いま目の前にある幸せがどんどん見えなくなるんだね。

炊《た》き立てのあったかいごはんを食べながら、「おいしい」とも言わずに、しかめっつらして、「将来、老後破産をしたらどうしよう」って話すようになっちゃうの。

そうなると、いまだけじゃなくて、まだやってこない未来のことまでずっと心配し続けるようになっちゃうんだよ。

人類の長い歴史を振り返ってみると、厳しい自然や外敵にさらされて、いつも「備えあれば憂いなし」でいないと、生き抜けない時代がたくさんあったんだね。

だから、人には心配することが染みついちゃっている。

だけど、21世紀は憂いてばっかりいたら病気になっちゃうの。

心配が過ぎると、「恐れ」になります。恐れは地獄の感情なんだよ。恐れると、神様に祝福されてやってきたこの世が、とても生きづらい地獄に変わっちゃう。

だから、不幸な感情が湧き起こったら、幸せなことを考えるんだよ。意思でもって自分を幸せにしてあげるの。そうすると、心ってコロッと変わる。

それが、感情と一緒にこの世に生きる学びです。


幸せってね、ある日突然、空から降ってくることはないんだね。

自分の意思で見つけるものなんだ。

「幸せになる意思」を持っていない人は、たとえ高額な宝くじが当たっても、「誰かにだまされるんじゃないか」って不幸なの。

目の前をものすごく好みの人が横切っても、「自分は相手にされないに違いない」って不幸なの。

幸せになる意思を持って、毎日、目の前の幸せを見つけながら歩くと、いつの間にか幸せな道ができあがっているんだよ。


「きょうも生きていて幸せ」

「おひさまがあったかくて幸せ」

「ごはんが食べられて幸せ」

あなたの周りには、こんなふうに、たくさんの幸せがあるよね。

「そうは思えないわ」って感じたら、1分間、息を止めてみな。1分後には必ず思うはずだよ。「ああ、息ができて幸せ」って（笑）。

いくら前のほうを探しても、「幸せの道」ってものはないの。遠くになんかないの。

「幸せの道」は、いつも振り返ったときに、後ろにできあがっていることを忘れない

でおこう。

「喜怒哀楽」っていうけれど、人によって感じ方や表現の仕方は違うから、10億人いたら、10億通りの「喜怒哀楽」があると思うといい。

まずは、自分の「喜怒哀楽」を知ることが、とっても大切なの。

たとえば、海に行くつもりだった日曜日の朝、起きたら雨が降っていたとするね。

そこで、ある人は悲しくなっちゃうんだよ。

「ずっと楽しみにしていたのに、なんてツイてないんだろう。こんなに降っていたら、海で泳げないどころか浜辺に降りることもできないじゃないの」って。

また、ある人は怒り出すんだよ。

「ひどい、これで予定が台無しだ。雨の日は気持ちがどんよりする。ああ、頭まで痛くなってきた。雨なんか大嫌いだ！」

そうかと思えば、がっかりしたあと、すぐ気楽になっちゃう人もいる。

「海は次の休日の楽しみにして、きょうはゆっくり家で本でも読もう。しとしと降る雨音を聞きながらの読書は、とってもぜいたくな気持ちになるなあ。そうだ、おいしいお茶を入れて、クッキーでもつまもうかな」

なんてね。これが、「自分を幸せにする意思」なんです。

あなただったら、楽しみにしていた休暇が中止になったときに、どうする？どんな気持ちで、その日を過ごしたいと思うかな？

人生には、不意打ちの雨のような問題がたくさん起こるんです。

そのとき、自分はどんな感情を選ぶのか。

人は、それを一生かけて練習していくんだよ。

不幸な感情を、「幸せになる意思」で動かす学びは、神様が与えてくれた「魂を磨く魔法」だね。

大人になると背丈の伸びは止まるけど、心は体に収まりきれないくらい大きく成長を続けていく。

心がコロコロ変わる中には、「悲しみの成長」もあるし、「怒りの成長」や「苦しみの成長」だってあるんです。

だから、こういうことがあると自分は悲しいんだ、こうすると怒るんだな。ああ、こんなことが起きると苦しいと感じるんだって、コロコロ変わる心を通して、自分の喜怒哀楽をよく知っていくの。

そして、同時に、「わたしがいま感じたように、きっとほかの人も悲しい思いをするだろう」って、他人への思いやりも学んでいく。

「だから、自分はこういう振る舞いをするのはやめよう」って思うことが意思なの。

不幸な感情を知ると、自分にも他人にもやさしくできるんです。

だからね、「すべての感情は、愛につながっている」と思ってください。

「自分の感情に素直になる」ことが
幸せを素早く見つけるコツだよ。

ひとり

「人が好きなこと」じゃなくて
「自分の好きなこと」を
選ぶっていうことですね！

りえ

人生でいちばんうまくつき合わないといけないのは、「自分の感情」です。

それなのに、「人の感情」にばかり素直になって、苦しくなる人がたくさんいるの。

「親のため」「日那（奥）さんのため」「子どものため」「上司のため」「お客さんのため」「友だちのため」。だから、自分のためにもなるはずだ、って思い込んでいる。

ひどくなると、「近所の人のため」とか、「年に1回しか会わない親戚のため」とか、「電車でたまたま隣り合わせた人のため」とか、縁が薄い人の感情まで読んで、素直に合わせることばっかりするようになっちゃう。

一見、それは愛に見えるけど、愛じゃないんだね。だって、自分にちっともやさしくないんだから。

どんなときでも、「自分の感情に素直になる」。

これが、幸せを素早く見つけるコツです。

今世、お母さんのおなかに宿ったときから、死ぬ瞬間までずっと、あなたはいまのあなたなんだよ。

そのかけがえのないあなたが、笑ったり、怒ったり、泣いたり、喜んだり、たくさんの感情を通じて愛を知って、魂を震わせる経験をして、「あー、今回もおもしろかった！　いい勉強になったなあ」って、あの世に帰る。

その経験は、ほかの誰にもできないんだね。

あなただけがもらった今世のお役目なの。

それなのに、ほかの人の感情にばかり素直になっていたら、魂は少しも震えないの。

「いろんな感情で自分の魂を感動させて、ピカピカに磨いていらっしゃい」って神様が送り出してくれたのに、どんどん曇っていっちゃうの。悲しいよな。

じゃあ、どうすれば、自分の感情に素直でいられると思うかい？

いつでも、「人が好きなこと」ではなく、「自分が好きなこと」を選ぶんだよ。

小さいときに、親や先生から、自分が好きなものをけなされて、本当は欲しくなかったり、好きじゃなかったりしたものを選んだことはないかな？

それがいつの間にか、クセになってしまうことってあるんだね。

わたしは、中学校を卒業して、すぐ社会に出たの。じつは中学校もろくに行っていません。誤解のないように言っておくけど、学校は大好きだったんだよ。ただ、起きるといつもお昼だったの（笑）。

親は最初、大学まで行ってほしいって反対したんだけど、しょうがないよね。

学校の授業で見た瞬間に、

「あっ、わたしは方程式とやらを一生使わなくても大丈夫だ」

って気づいちゃったんだもん。必要な人には方程式がとってもおもしろく見えるんです。語学もそうだよ。昔、学校の先生に、

「斎藤、英語くらい話せないと、外国人に話しかけられたときに困るぞ」

って言われたんだけど、いまだに1度も話しかけられたことはありません（笑）。

英語も必要な人には、とてもさわやかに聞こえる。そういうふうにできているんだね。

それから、わたしには漢字を覚えられないって才能もあったから、ますます学校以

外に自分の生きる道があるぞって思えたんだよ。

とにかく早く社会に出て、神様に教えてもらった自分の力を試したい。

それこそがわたしの生きる道だって確信していたから、絶対に折れなかったの。

そうしたら母が言ったよ。

「わかったよ。おまえほど学校に向いていない子もめずらしいから、きっと社会にはすごく向いているんだろうね。働いたら、出世すると思うよ」

母にそう言われて、どんなに心強かったか。

「よし、たくさん友だちをつくって、大金持ちになるぞ」ってワクワクしました。

親に「ダメ出し」をたくさんされて、好きなものがよくわからなくなっちゃったっていう人は、その倍、自分で自分に「褒め出し」してあげるんだよ。

人を苦しめることはもちろんダメだけど、それ以外で、あなたが「好き」だと心から思えるものなら、それがなんであったって、絶対に素晴らしいことなんだ。

「忍耐」の意味を
勘違いしている人が多いけど、
「自分で幸せになる意思」が忍耐。
心強くて安心できる状態のことだよ。

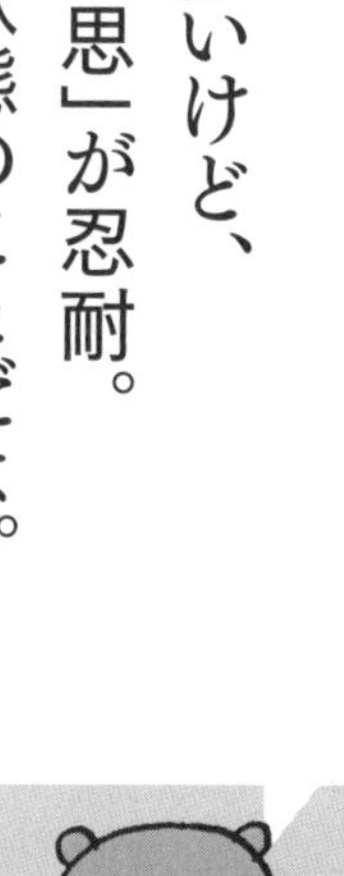

ひとり

本当の意味を知ると、
「わたしは大丈夫。
ちゃんとうまくいく」って
思えるんですね！

りえ

これもとっても大切な話。人って大丈夫なようにつくられているんだよ。

だから、困ったことは起こらないんだね。

「そんなことはないです！　わたしは四六時中、困っています」

もしもそういう人がいたとしたら、不幸な感情をそのままにして、勝手に「困った」って勘違いしているだけなの。

不幸な感情が現実になっていると思うなら、その勘違いをやめればいいの。

「うまくいかない」っていうのは、すべて勘違いなんだから。


どんな人でも、神様はうまくいくようにつくってくださってるの。

だって、一人ひとりが、その人の喜怒哀楽を通してしか得られない「愛」を獲得するために生まれてきたんだから、行き着くところが「愛」じゃないはずがないよね。

神様って愛と光なんだよ。だから、その神様の魂を分け与えていただいた人間も、愛と光なの。

それから、わたしたちをこの世に送り出すとき、神様は人に「忍耐」という素晴らしい力を与えてくださったの。

忍耐っていってもね、「逆境を耐え忍び、顔で笑って心で泣いて」っていう苦しい状態のことを言ってるんじゃないんだよ。

忍耐っていうのは、さっき言った「自分で幸せになる意思」のことなの。

本当は愛と光のわたしたちが、湧き上がる不幸な感情で揺れる。それをぐっと本来の愛と光に引き戻す。これが忍耐。

だから、忍耐するってことは、「なにがなんでも幸せでいるぞ、わたしは大丈夫だ」って、すごく心強くて安心している状態を言うの。

神様は、あなたになら必ず解ける宿題しか出さないの。

もちろん、ラクにできる宿題ばかりじゃないよ。だからみんなが悩むんだけど、そこで忍耐を忘れないでいると、絶対に困りはしないんだよ。

楽しみながら悩んでいると、つまずいた宿題だって、「そういうことだったんだ！」って、おもしろいくらいスラスラ解ける日がくるの。

「あのときにつまずいたから、この問題はなんてたやすく解けるんだろう」って感じることもあるかもしれない。無駄なことって、ひとつもないんだね。

「幸せなことが起きないと安心できない」「『大丈夫』って保証がないと信じられない」って言う人が多いんだけど、逆なの。

「すべては、大丈夫なようにできている」

まずは心からそう信じて、安心することが先なの。

安心しているから、どんどん幸せなことが見つかって、ますます大丈夫になるの。


わたしは物心がついたときから、神様とおしゃべりをするのが大好きでした。人はどうして生まれてくるのか？　なぜ生まれ変わるのか？　死んだらいったいどうなるのか？　そんなことをたくさん教わったんだよ。

でも今世では、商人《あきんど》として生きると決めてきたので、神様の話はあまりしないほうがいいだろうってこともわかってたの。

不思議なことを言って品物を売っているように見えちゃうからね。そんなことを言いながら、もう十分、話しているだろうって？　これでも話し足りないんだよ（笑）。

とにかく、「今回の人生では商いで人を喜ばせよう。体の問題を解決するお手伝いをして人を幸せにしよう」って決めたんだけど、心の問題って大きいんだよね。

心は目に見えないのに、目に見えることだけで解決しようとするから、うまくいかなくなっちゃうんだろうね。

「心ココロコロの魔法」について話すときも、もっと目に見えない世界の話がしたいなって考えていたら、神様が高津りえさんというお弟子さんと出会わせてくれたの。

ほら、大丈夫なようにできているだろ？

わたしは人から相談をされると、その人と一緒にいる神様の存在を感じます。そうすると、「そのままで大丈夫だよ」って言葉が自然と出てくるんです。

そのままでは厳しいかなってときには、その人の神様が伝えたがっている言葉のあとに、やっぱり「だから大丈夫」って出てくる。どっちにしても、大丈夫なんだよ。

大丈夫になるように、いろんな感情を通して学ぶんだから。

「わたしは勉強もお金儲けも不得意なので、大丈夫だとは思えません」

そう言う人がいるんだけど、じゃあ、できることをやればいい。

できないことはやらなくていいことなんだよ。

身だしなみをきれいにするとか、顔にツヤを出すとか、いい言葉を使うとか、物事をもっと気楽に考えるとか、努力は神様に喜ばれる行動に使うんだよ。


わたしはね、学校に通っていたとき地理が苦手で、どこにどの県があるのか、さっぱり覚えられなかったんだ。でも社会に出て、日本全国を回るようになったら、よくわかるようになりました。

漢字だって書くのが苦手なだけで、本を読むのは大好きなんだよ。

わたしに代わってむずかしい書類を書いてくれるお弟子さんもたくさんいます。


ほら、大丈夫、大丈夫、大丈夫。

だからさ、あなたも大丈夫なようにできているんだよ。

「自分が好きなこと」を
たくさん集めてみると、
悲しみや恐れが寄りつかなくなるよ。

ひとり

直感で、好きなものを
「好き」って言う
練習をするといいわよ。

りえ

これからあなたに好きなものを聞くから、楽しみながら答えてみてよ。

そのときに、

「自分は、女の人だから」

「自分は、男の人だから」

「自分は、○歳だから」

「自分は、学生だから」

「自分は、社会人だから」

「自分は、親だから」

「自分は、独身だから」

「自分は、結婚してるから」

「自分は、裕福じゃないから」

「だから、こう答えるのがふさわしい」なんてことは、まったく思わないでほしいの。

直感で思い浮かべるんだよ。

小さいときって、「これは、自分には似合わないんじゃないか」なんてことは少しも考えなかっただろ？　「これが好き」ってパッとぬいぐるみやケーキに手を出していたあの感覚を思い出してほしいの。

「ごっこ遊び」をするときも、「いや、わたしは日本人だから」なんてことは考えないで、見目麗しい金髪のお姫様になってただろ？　なんでもできる魔法使いになったり、勇気にあふれる冒険家や世界を救うヒーローになったりもしたよね。

だけど人の感情に素直になり過ぎて大きくなると、それがちょっと気恥ずかしくなっちゃうんだよ。

戦国時代や明治維新に活躍した偉人の話に胸を熱くしながらも、「自分とは違う。坂の上に雲なんかない」ってしょぼくれちゃうの。

でも、魂はそんなこと少しも言ってないんだよ。

意思、つまり考え方が、傷ついちゃっているだけなんです。

直感で好きなものを「好き」って言う練習をすると、その傷が治っていっちゃうんだね。

はい、じゃあ質問です。
誰も聞いてないんだから、恥ずかしがったり、かっこつけたりする必要はないよ。

あなたの好きな季節
あなたの好きな色
あなたの好きな場所
あなたの好きな風景
あなたの好きな男性のタイプ
あなたの好きな女性のタイプ
あなたの好きな本
あなたの好きな音楽
あなたの好きな映画
あなたの好きな花

あなたの好きな食べ物
あなたの好きな飲み物
あなたの好きな言葉
あなたの好きなことわざ
あなたの好きな服装
あなたの好きなアクセサリー
あなたの好きな遊び
あなたの好きなお弁当のメニュー
あなたの好きな数字
あなたの好きなにおい

とりあえず20個。１００個でも１０００個でもいいから、自分に好きなものを聞いて、思い浮かべたものを書き集めてみて。

答えているうちに、あなたは好きなものにたくさん囲まれているってことがわかってくるの。**それから、好きなことについて考えていると、悲しみとか恐れが寄りつかなくなります。**不幸が、走って逃げ出しちゃうの。
ちなみに、わたしが好きなものベスト3です。

1　仕事
2　女性
3　ドライブ

一年中、仕事のことを考えながら素敵な女性たちと日本中をドライブしているわたしが、幸せにならないはずがないよな（笑）。

さあ、次の章からは、りえちゃんにバトンタッチするよ。
弟子といっても、りえちゃんも立派な魔法使いだからね。
みなさんに、「心コロコロの魔法」をさらに具体的に教えてあげていってください。

斎藤一人

第1章

感情は、心のありようを示す「道しるべ」

わたしたちは、
神様に「幸せになる意思」を
渡されて生まれてきたんだよ。

ひとり

「わたしは愛と光。
いつも、幸せになる意思を持っています」。
不安になったら、
そう3回唱えてみてね。

りえ

ある晩、わたしは夢を見ました。

明るく広々とした場所で、わたしは座り込んでオセロをしています。

足元は見渡す限りのオセロ盤で、四隅が見えない果てしない空間が広がっていました。わたしは白い石を握り締め、「次はどこに置こうかな」とワクワクしています。

わたしの手元には、白黒のリバーシブルではなく、両面ともに白い石がありました。

対面にいる相手は金色の光に包まれていて、姿がよく見えません。

次の瞬間、「あっ」と思いました。

お向かいにいらっしゃるのは、わたしがこの世に生まれる前から、ずっと見守っていてくださった神様だ、と気づいたからです。

そう確信したとき、涙がこぼれるくらいうれしくなりました。

神様は、盤の上に、黒い石を音もなく置いていきます。

何手目かに、わたしは弱り果てました。四方を黒い石に囲まれて、どうやっても、手持ちの白い石を置くことができなくなったからです。

「うーん。わたしが黒だったら、あそこにも、ここにも置けるのになあ……」

ちらっとそんなことを考えたとき、手の中の石が、ぽうっと黒みを増していきました。不思議な気持ちでそれを眺めていると、

「ふふっ」

よく聞き慣れた笑い声が、どこからか響いてきたのです。

「一人さん？　一人さんですね？　どこにいるんですか？」

「おーい、りえちゃん。目の前だけじゃなくて、あっちこっち見てごらん。このオセロは、どんどん好きなところに置いていいんだよ」

見回すと、そこかしこに白と黒の石が並んだやりかけの対局がありました。

「あ、ここ、置ける」

離れた場所に白い石を置きに行くと、すべるように神様の黒い石が置かれます。わたしがどこに石を置いても、神様は自然とゲームに応じてくださいました。

「一人さん、この石は『意思』ですか？」

尋ねると、姿の見えない声がしました。

「そうだよ。これは『神様との感情のオセロ』だよ。わたしたちは、毎日、神様とオセロをして過ごしているんだ。

りえちゃん、よく覚えておきな。**わたしたちが生まれたときに、神様からいただいてきたのは、いつでも物事を楽しく変えられる『白い石（意思）』なんだよ」**

わたしは目が覚めると、ベッドの中で右の手のひらをしげしげと見つめました。

そこに白い石は見当たらなかったけれど、つるつるの石を握り締めたときの滑らかな感触がまだ残っていました。

そこでわたしは思い出したのです。わたしたちは、みんな「幸せに生きる」というピカピカの白い石を握り締めて、この世に生まれてくることを。

神様はいつも盤の上に黒い石を置いていかれます。

毎日の中にちょっと意地悪い気持ちになったり、やきもちをやいたり、不安になったりする問題を、わたしたちに黒い石として提示なさるのです。

どうして？　って思いますよね。

愛と光しかないあの世から、「白い石（幸せになる意思）」を手渡されてこの世にやってきたわたしたちの魂は、神様とのオセロで磨かれていくからです。

だから、「いやだな」なんて思うことは少しもないんですよ。あなたがあきらめなければ、いつだって、どこからだって、逆転のチャンスはあります。

上手に白い石を置けたら、すべてが真っ白にひっくり返ることだってあるのです。

そう、このオセロは「心コロコロの魔法」を習得するゲームです。

神様のオセロの素晴らしいところは、夢の中で一人さんが教えてくれたように、むずかしい対局はひとまず置いておいて、別のところに石を置きにいってもいい点です。

ひとまずほかのところに置いてみると、時間が経ってから、思い悩んでいた箇所がパタンパタンと勝手に白くひっくり返ることもあります。

感情は、一つひとつが独立しているように思えますが、すべて心の根底でつながっているので、過去に置き去りにした悲しみや苦しみという黒い石を白く変えられたら、現在や未来の対局まで白く塗り替えられるミラクルが起きるんですね。

現実のオセロは四隅を取ったほうが有利ですが、神様とのオセロに終わりはありません。わたしたちがお空の上に帰るときまで続く、終わりのない遊びです。

感情は、ひとすじ縄ではいきません。

自分の感情と人の感情がぶつかって、途方に暮れることもあります。

でも、あなたが自分の感情に振り回されそうになってしまったときには、どうか思い出してほしいのです。

あなたの手の中には、いつも「物事を楽しく変える白い石（意思＝忍耐）」が握られていることを。

そして、いつでも、変えようとするのは「相手の感情」ではなく、「あなたの感情」でいいことを。

きょうもわたしたちは、思い思いに神様とオセロをしています。目が覚めたときに

は忘れている人がほとんどですが、眠っている間に夢の中で神様に、

「あの一手は素晴らしかったですよ」

と褒めていただくことも、きっとあるだろうと思います。

もしも、「感情を立て直すのがむずかしいなあ」と感じることがあったら、

「わたしは愛と光。いつも白い石（意思）を持っています」

と3回唱えてみてください。あなたの心の中にある神様とオセロをする領域が、美しく開けていきます。

人は、少しずつよくなっていく
生きものなの。
そのお手伝いをするのが
「スピリチュアル」だよ。

ひとり

「スピリチュアル」とは、
すべての物事を
昨日より、よい見方をする
考え方のことですよね。

りえ

わたしは小さなころ、2人の弟たちと「おもしろい世界」に生きていました。

両親には見えないお友だちと遊んだり、弟が話してくれる「猫の王国」の話に熱中したり、庭の植物たちとおしゃべりしたり、妖精に自己紹介をしたり……。

はたから見たら、少し風変わりな子だっただろうと思います。

しかし、母は3人の子どもたちを一切否定せず、まるごと受け入れてくれました。

でも、大きくなるにつれて、周囲の反応は変わってきます。

いつしか自然と「見えない世界のことは口にしないほうがいい」と感じるようになりました。

だから中学生のときに宮崎駿監督のアニメ映画『となりのトトロ』を観て、ものすごく衝撃を受け、胸がドキドキ高鳴ったのを覚えています。

「大丈夫かな。こんなにあちらの世界のことを描いてしまって、この監督さんは神様から叱られないのかな」

でも、かつて精霊や妖精とお友だちだったメイとサツキのような人は、ほかの人に言わないだけで、案外いるのかもしれません。

それでも、わたしは自分の「不思議なことを感じる力」が人の役に立つとは想像もできなかったので、「不思議なことはわかりません」という顔をして暮らしていました。

そして24歳になったとき、わたしが実業家の斎藤一人さんの元で働きたいと願ったのは、一人さんが「物事をちゃんと見ている人」だからでした。

一人さんが書いた1冊目の本『変な人が書いた成功法則』を読んで、「この人こそ、本当のスピリチュアルを知っている人だ」と、心にひらめいたのです。

念願が叶って一人さんの仕事を始めた数年後、一人さんから、

「りえちゃん、スピリチュアル・カウンセラーとして活動してごらん」

と言われたときは、内心、「えっ、いやだな」と思いました。

それまでにも、同級生や同僚など、周囲の人から相談されることが多くて、わたしなりにものすごく親身にアドバイスをしてきたつもりでした。

でも、そのときは涙まで流して「ありがとう」と言ってくれるのに、その人たちと次に会うと、また最初から、同じ悩みを繰り返し話すのです。

「こうしてみたら?」というアドバイスは置き去りにされたまま、まるで依存をするようにわたしと会いたがる人も出てきて、がっかりする気持ちもありました。

「アドバイスを聞くだけで行動しなければ、なにも変わらないよね。これは、わたしにもお友だちにも、よくないことなんじゃないのかなあ」と思っていたんですね。

一人さんは、そんなわたしの様子を見て、「それでも、人は前よりもよくなっていくものなんだよ。少しずつ生成発展しているんだよ」と教え続けてくれました。

「日々向上していることに気づかないで流れに逆らうと、ものすごく苦しいの。

大丈夫、困ったことは起こらないんだよって、導くお手伝いをしてあげようよ。

人生って、答えのない自分だけの問題集だよね。答えは、本人が出すしかないの。

わたしやりえちゃんのアドバイスは、あくまでも『ひとつの意見』だろ?

だけど、答えを出すクセがついていない人は、いくら聞かれても答えが出せないの。

悩んでいる人が、自分で答えられる筋力をつけてあげようよ」

一人さんにそう言われて、ああ、やっぱりわたしは「この人を一生の師として、スピリチュアルを学びなさい」と神様に導かれたんだなあと思い、弟子入りさせていただきました。

本当のスピリチュアルとは、見えない世界と触れ合ったり、前世がわかったりする不思議な力のことだけを言うわけではありません。

「すべての物事を、昨日よりもよい見方をし、魂を向上させる見方・考え方」これこそが、一人さんがずっと教えてくれている本当のスピリチュアルです。

最初に神様とのオセロの話を書きましたが、「白い石（意思）」には、この力が込められています。

わたしたちは、日々、白い石を置く（楽しく物事を見る）ことを忘れると、いつの間にか黒い石を拾いながら歩いてしまう（ネガティブに物事を見る）ようになります。「大丈夫、大丈夫」って深呼吸しながら、白い石を出し続けることが、とっても大事なことなんです。

あなたなら必ずそうできることが、いまのわたしにはよくわかります。

「感情の振り幅」が
大きな人に対しては、
「おもしろい距離感」を
探ってみるといいよ。

ひとり

ちょっと離れたところから
眺めてみると、感情ではなく
行動が正せるようになるわ。

りえ

「社長の感情の起伏が激しくて、ついていけません」

カウンセリングにいらした30代のA子さんが言いました。

彼女がお勤めしているベンチャー企業の社長は40代の男性だそうです。

「悪い人ではないのですが……。ささいなことで激高したり、そうかと思えば泣き上戸になったり、朝から不機嫌にむっつりと黙り込んでいたり」

めまぐるしく変動する社長の感情に戸惑いっぱなしだと言います。

そう話している間中、A子さんの表情がずっと変わらないことが、わたしには気になりました。

「A子さんは、どうしたいと思っていますか？『合わない人とは会わない』というのもひとつの有効な手です。でも、わたしはいまA子さんに転職をおすすめするのは、違うって感じるのだけど」

そう言うと、彼女も「仕事はとてもやりがいがあるし、同僚にも恵まれています。だから、できればいまの会社にいたいです」とおっしゃいました。

「もしかして、感情をコントロールしようってものすごく意識していませんか？」

そう聞くと、A子さんは顔を上げて、「はい。社長みたいにはならないぞ、って毎日思っています」と、必死な調子で言いました。

「感情的な相手に影響されたくない！」という気持ちはわかるのですが、感情の波を抑えると、無表情で無感動な人ができあがります。

笑うときもあれば、怒るときもあるのが人です。

喜びやあこがれから学ぶこともあれば、涙や失敗から学ぶこともあります。

「あなたはいま、それを放棄しちゃってるわ」と言うと、A子さんは「ええ～、じゃあ、どうすればいいんでしょうか」と、困った顔をしました。カウンセリングルームにいらしてからはじめて見せてくれた、とても人間味のある表情でした。

「感情をコントロールしようと考えず、飛んでくるボールを、社長の感情の振り幅内の『いちばんいい状態』で受け取ろうってイメージしてみて。

たとえば高めのボール、低めのボール、きっといろいろあるでしょう。低く飛んできたときは、その低い場所の『自分のいちばんいい状態』でね。

いつも明るく元気よく返事してください、ってことじゃないのよ。

自分の感情に素直になっていいんだけど、『また怒ってる。いやだな』って思うんじゃなくて、『また怒ってる。朝から元気だな〜。社長の熱が、気温を2〜3度上げてるんじゃないかしら?』って、ちょっと離れた場所から眺めてみて」

するとA子さんが笑って、「りえ先生は、いつもそんなふうに思うんですか?」と言うので、「そうよ」とわたしも笑いました。


たとえば、街中で怒っている人を見かけたときに、わたしは怒っている人にも怒られている人にも同調をしません。波長を合わせると、とたんに自分までカッカしてくるからです。

わたしは本来、まるで心に強力なアンテナが立っているように、人の怒りや悲しみや喜びに同調しやすいのです。

そうした自分の性質をよくわかっているので、感情の振り幅が大きな人に遭遇したときには、「わあ、元気な人だなあ」と、おかしみを持って眺めることにしています。

「わたしは自分の感情を人には乱されないぞ」と思っているのはA子さんと同じですが、感情を抑え込むのではなく、いつでも「おもしろい距離感」を探すのです。

「もしも、ボールを取り損ねたらどうすればいいんですか」

A子さんに聞かれたのですが、取り損なった（自分の感情が乱れた）ときは、「ここに学びがあるから、取り損ねてよかったんだ」と思ってください。

怒っちゃダメ、悲しんじゃダメなわけじゃないんです。

「ずっと怒っていたり、悲しんでいたりすると、どんな人生になるのかな？」

そう素直に考えるために、ときには取り損ねる経験も起きるんです。

それから、わたしがA子さんに社長から離れるようにアドバイスしなかったのは、「これは、A子さんのやり残した宿題だ」と感じたからでした。

「ねえ、以前にも感情的な人に苦しんで、離れたことがあるでしょう？　相手は身近な男性じゃないのかしら」

尋ねると、A子さんは驚いた顔で言いました。

「はい、父親です。ものすごく怒りっぽい人で、わたしは父がいやで地元を離れて就職したようなものです。いまも実家には年始にしか帰省しません」

身内と感情がこじれたままにしておくと、よく似たタイプの同性が自分の人生に現れます。神様が同じ場所に黒い石を置かれるのですね。

A子さんは小さいときからお父さんの顔色を見過ぎて、相手の不機嫌を察すると黙り込むクセがついてしまったようでした。

でも、相手の言い分を素直に受け取って、自分も言いたいことを素直に伝えれば、意外とケンカにはならないものです。

この「素直に」というのが大事なキーワードです。

社長もいつもいきなり怒るわけではなく、きっとそこに至るまでの積み重ねがあるはずです。そこで、「なによ！」と、相手の怒りにだけフォーカスするのではなく、「あ、前に言われていた資料がまだ提出できていなかった。そういえば、この案件の報告もまだだった」

と、自分が積み重ねてしまった原因を察することができると、行動を直すことができます。

人間関係を円滑にするためには、「行動は、明るく、早く、元気よく」が鉄則です。

飛んできた相手の感情と湧き起こった自分の感情はひとまず置いておいて、いま自分ができることを、明るく早く元気にやればいいのです。

それだけで、ずいぶん相手との関係は違ったものになるはずです。

社長自身も、ずっと感情の起伏が激しいままでいると、いずれ困ったことが起こるでしょう。社員の人望を失うとか、取引先の人の心証を損ねるとか、家族に嫌われてしまうとか、いつか人生に黒い石が出現するはずです。

でも、それは社長が今世で学ばなければいけない宿題なのです。

A子さんは、いまの会社で自分の学びだけをすればいいのです。そうすれば、いつかお父さんとのよい距離感もつかめるはずだとお話ししました。

彼女はいまも元気にその会社で働いていて、「だいぶ、社長のボールを打ち返せるようになりました」と笑顔で教えてくれました。

素直になるのは、「人の感情」でなく、
「自分の感情」に、が正解だよ。

ひとり

自分の感情を素直に口に
出してみると、
直感が磨かれ、得なことばかり
起こるようになりますよ。

りえ

序章で一人さんが「人の感情ではなく、自分の感情に素直になろう」と書いていましたが、これはけっして、「わがままになろう」ということではありません。

たとえば、あなたが怒りを覚えたとき。

荒れ狂う感情の波の奥底には、小さな本音が潜んでいるはずです。

それを見過ごしてはいけません。

「話を聞いてもらえなくて、悲しかった」
「自分だけ仲間はずれになった気がして、寂しかった」
「図星を言い当てられて、恥ずかしかった」

怒りの奥深くには、きっと、そんな頼りない小さな子どもみたいな本音が隠れています。

かくれんぼしている本音を見つけて、素直に言葉にしていきましょう。

あるとき、わたしは一人さんから仕事の資料として、本を取り寄せるように言われました。

その場で不得意なネットを駆使して、翌日の午前中に本が届くように手配をしましたが、次の日になっても、指定した時間帯に本が届きません。

問い合わせると、宅配便のトラブルでした。

「どうしようかな」と思っていると、夕方、一人さんがサロンにやってきて、「仕事しようか」と言われたのです。

「すみません。じつは本がまだ届かないんです」

「ちゃんと頼んだのか？」

「はい。きのう一人さんと一緒にいるときに手配しました」

「じゃあ、きょうは仕事にならないな」

そう言われて、わたしはすごく悲しい気持ちになりました（たぶん、わたしはなにかほかのことでイライラしていたのでしょうね）。

でも、そこでわたしが「そうですね。わかりました」と言ってしまったら、会話を打ち切ることになります。だから本音を言いました。

「その言い方は傷つきます。慣れないパソコンで注文したのを一人さんも見ていましたよね。でも宅配便のトラブルで、予定通りに届かなかったんです。『じゃあ、きょうは仕事にならないな』って言い方は悲しいです」

そうしたら、一人さんが言いました。

「わたしは、『じゃあ、きょうは仕事にならないから、ごはんでも食べに行こうか』って、そういう意味で言ったんだよ」

「それなら、そこまで言ってくれないとわかりません」

「ああ、わたしも言葉が足りなかったか。悪かったな」

われながら、しつこい弟子なのです（笑）。

でも、本音を素直に伝えれば、人と人、ましてや信頼している相手とは必ずわかり合えます。

あなたが怒ったり、相手を攻撃したくなったりしたとき、「本当の気持ちはそうじゃない」って、直感はわかっているものです。

だけど、つい表面に湧き起こった怒りや不安で覆い隠して、本音を見ないようにしてしまうんですね。

本音を言うのが恥ずかしかったり、悔しかったりするのかもしれません。そうすると、「もういい！」なんて言葉が、思わず口をついて出てしまいます。

でも、自分の感情に素直になると、得なことしか起こらなくなります。

だから、ムッとしたり、カッときたら、まず深呼吸。素直な気持ちで、かくれんぼしている本音を探りましょう。

素直になると、ますます直感が磨かれてきて、白い石の置ける場所がよく見えるようになります。

神様とのオセロは、本音を素直に口に出した人の勝ちです。

「地獄言葉」は、口にするのはもちろん、
思うだけでもいけないよ。

ひとり

「天国言葉」は、いい波動をつくるから、
口にした人、耳にした人の両方が
うれしい気持ちになるんですね。

りえ

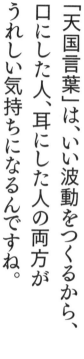

わたしは定期的に、お弟子さんたちを養成するスピリチュアル・カウンセラー養成講座を開いています。

ある養成講座で、カウンセラーの1人が言いました。

「わたしはいつも『天国言葉（明るくてきれいな波動の言葉）』を話すようにしています。でも内心に『地獄言葉（暗くて汚い波動の言葉）』が湧いてくることもあります。心の中で思うだけなら、かまいませんか？」

答えは、「いけません」です。

あなたが、一人さんやわたしの本をほかにも読んでくださっていたら、もうよくごぞんじですよね。

「天国言葉」とは、口にした人も聞いた人もうれしい気持ちにさせる太陽の波動に満ちた言葉のことをいいます。

◆天国言葉◆

「愛しています」
「ツイてる」
「うれしい」
「楽しい」
「感謝してます」
「幸せ」
「ありがとう」
「許します」

ほかにも、「おかげさま」「素敵ですね」「おいしい」「さすがです」など、天国の波動を持った言葉はいくつもあります。

それに対する「地獄言葉」は、天国言葉と正反対の地底の波動を持っています。

◆地獄言葉◆

「おそれている」
「ツイていない」
不平・不満
愚痴・泣き言
悪口・文句
心配ごと
「許せない」

たとえ言葉にしなかったとしても、自分の中に湧いた地獄言葉の思いにつき合ってはいけません。

なぜなら、思いは「自分との会話」だからです。

地獄言葉を長々と人から言われることに、あなたは耐えられるでしょうか？　いやですよね。地獄言葉ばかりを言う人とは、おつき合いしたくないって感じるはずです。

自分の中に生まれた地獄の思いにつき合うことは、そういうマイナスな人の近くで真剣に話を聞いているのと同じことになります。

そうやって自分自身と地獄の会話を続けていると、そう遠くない時期に、手の中に真っ黒な石をたくさん握り込むことになります。

反射的に「あの人、いやだな」「腹が立つ」と思うことは、誰にでも起こります。

そんなときは、「どうしてだろう?」って、自分にいったん問いかけてみましょう。

もしも、わたしが誰かにテーブルの下で足をけられたら、

「なぜ、わたしをけるの?」と、その人に聞きます。

「気に入らないから」と言われたら、

「なにが気に入らないの?」と質問します。

「入って来たときに、あいさつしなかったじゃない」

そう言われたら、「あ、そうだったのね。気づかなくて、ごめんなさい。でもけられたら痛いわ」と、ここでひとつ学んで解決をします。

もし、「どうしてけるの?」と聞いて、「ムシャクシャしているから」と言われたら、「きょうはそういう日なのね。じゃあ、あまり近づかないでおくわ」って、その人と距離を置きます。長々と一緒にいるようなことはしません。

それなのに、あとからもその感情を持ち出して、「あの人、テーブルの下でわたしをけったのよ」とほかの人にグチグチと話したら、聞いた人までいやな気持ちになってしまいます。

もしかしたら、その人は、わたしが愚痴を言った人にとっては、とても礼儀正しくてやさしい人なのかもしれません。

そうだとすると、相手の意地悪な振る舞いは、わたしが引き出していることになります。ときには、「自分が先に足を踏んでしまったんじゃないかしら」と考えることも、ひとつの学びになります。

地獄言葉の思いが芽生えたとき、人は悩みます。

悩んでいるとき、「これは学んでいるんだ」と思い込む人も多くいます。

でも、そうではありません。**悩んだときに、「その問題にきちんと向き合って、解決に導く」のが学びです。**

悩んで、地獄言葉の思いにつき合っているだけなら、お片づけの本を買っただけで、家をきれいにした気分になっているのと変わりがありません。

人だから、怒りの感情も、悲しみの感情も持って当たり前なのです。

言葉にして人に言わなくても、自分の中でいつまでも、「あの人、許せないわ」と繰り返していたら、自分の魂がいやな思いをします。

そうした感情を持ち続けないために、どんな気分転換をしたらいいかな？

地獄言葉の思いにつき合うのをやめて、天国言葉を口にするために、わたしだったら、どうするのがいちばんしっくりくるだろう？

こんなふうに、あなたなりの解答を考えるところに本当の学びがあります。

人は、愛と光の存在

りえ

一人さんは常々、「人は、愛と光と忍耐だ」っておっしゃいますよね。わたしも、一人さんから教えていただいたように、「1日に100回、〝わたしは愛と光と忍耐です〟って言ってみるといいですよ」って、カウンセリングや講演会でおすすめするんです。

でも、なかには「照れちゃって言えません」っていう人もいるんですよね。

ひとり

愛のない人は、「愛」って口にするといやな気持ちになったり、反対に涙が出てきたりするし、明るさが足りない人には、「光」という言葉が白々しく響く。忍耐が苦手な人は「忍耐」って言葉に抵抗がある。

そうすると、照れや、ときに怒りにつながるんだね。でも、すごい人って照れないんだよ。

りえ

じゃあ、まずは「すごい人は照れない」って100回言ってみるのがいいかもしれない（笑）。

ひとり

なぜ受け入れられないのか、どうして反発が起きるのかっていうと、自分の心の中が愛と光と忍耐以外のものでいっぱいだからだよね。

愛と光と忍耐って、「やさしくて、明るくて、機嫌がいいこと」を言うだろう？

不安やおそれや嫉妬や怒りっていう泥水がいっぱい入っている心に、やさしくて、明るくて、機嫌のいい真水を1滴ずつ垂らすと、泥水は1滴ずつ外にあふれて、いずれすべてが、きれいな水になるんだよ

りえ

では、心に真水を垂らすためには、日々、どんなことができるんでしょうか？

ひとり

なにか問題があったら、いつも、「愛と光と忍耐で答えたらどうなるだろう？」って考えるクセをつけるといいね。

「まったく答えが浮かびませんでした」でもいいんだよ。

それまでは、すぐ相手に「バカ！」って言ってた人が、「ちょっと待てよ、愛と光と忍耐で考えてみよう」って立ち止まるんだから、それだけで一歩前進だよな。

りえ

そのうちに、必ず答えが浮かぶようになりますよね。あとね、その答えを実践してうまくいかなかったとしても、収穫はあるんだから、安心してほしいんです。行動して結果が出ると、次はどうやればいいかがちゃんとわかってきますから。

ひとり

その通りだね。まず、**思ったなら言葉にして言ってみるの。言ってみたら現象が起きるの。**

そうすると、「もっと、こんな言い方をすればよかった」とか、「笑顔が足りなかったな」って、心に引っかかりができる。その引っかかりは、必ず次に生きるからね。

りえ

わたしね、思ったんです。世間的に「忍耐」という言葉には、どうしても苦境を耐え忍ぶイメージがあるけれど、そんなこと少しもないなって。

だって、一人さんは、はじめてお会いしたときから、いつもご機嫌で楽しそうだったもの（笑）。

ひとり

楽しいよ。だって、神様はわたしたちが間違うと苦しさとか困難を与えるの。

「この苦しみを乗り越えると、いいことが待っている」って言う人がいるけど、それがいちばんの間違い。我慢して乗り越えたら、もっとひどいことがやってくるよ。

我慢の先にあるのは幸せじゃなくて、恨みなんだね。いやな気分を心に溜めながら、幸せになんかなれっこないの。

りえ

一日一日、忍耐で機嫌をよくしながら、愛と光を心に垂らしていくと、もしも、「人が出す、よくない感情」という刃《やいば》が心に刺さっても動じなくなっていきますね。

ひとり

「忍」っていう字が、そもそもそういう意味を持っているからね。

人に心の泥水をかけちゃダメなんだよ、言葉の刃を投げつけちゃダメなの。そっと忍んで、真水を垂らしていこうねって。

りえ

以前、「わたしは、愛と光と忍耐です」って1日に100回言うと、どれくらいで心に染み渡るんですか?」って聞かれたんですけど、これは人によりけりですよね?

ひとり

そうだな。でも、だいたい10日かな。
1000回言い続けると、心が晴れ晴れとするときがあるんだよ。
もちろん、もっと言ったっていいんだよ。
「あなたは何日目でスカッとした?」って人と話し合っていくのもいいことだよ。

りえ

愛と光と忍耐について誰かと話すと、1人の学びは1だけど、3人なら3、10人なら10にもなりますよね。

第2章

プラスの感情をいとおしむための習慣

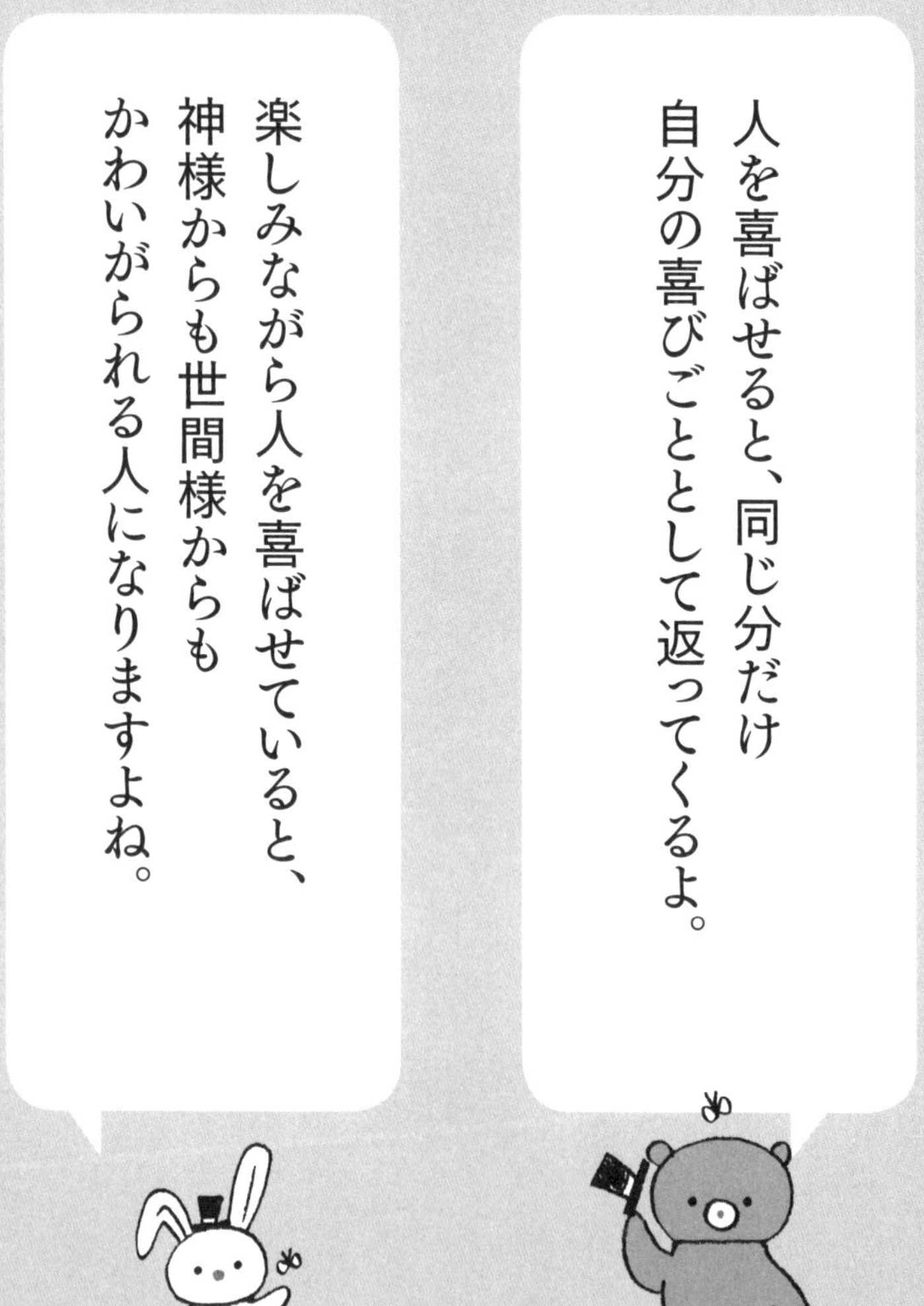
人を喜ばせると、同じ分だけ
自分の喜びごととして返ってくるよ。
ひとり
楽しみながら人を喜ばせていると、
神様からも世間様からも
かわいがられる人になりますよね。
りえ

個人カウンセリングで、こんな質問をされたことがあります。

「神様に愛されて、人に好かれるためには、どうしたらいいですか？」

神様からも世間様からもかわいがられる人には、ある共通点があります。

1．自分が喜びを感じながら、

2．神様に喜ばれるようなことをして、

3．人を喜ばせる。

こんなふうに、「３つの喜びごと」を同時に達成しているのです。

神様や世間にだけ喜ばれようとしても、うまくはいきません。反対に、自分だけが喜ぶことを追求すると、神様からも世間からも嫌われてしまいます。

たとえば、一人さんは著作などで「昨日よりも、物事をよりよく見る方法」を、たくさんの人に伝え続けています。神様のお話もたくさんします。

そして、人を健康で幸せにしたいという強い思いを持っていて、たくさんの健康食品を開発しています。

一人さん自身が、なによりも楽しみながら、こうした仕事を続けています。

たくさんの人から喜ばれる生き方をしている一人さんは、神様からも世間からも「かわいがられる人」になっています。

わたしは一人さんに仕事上のアドバイスをもらうことがありますが、おかげさまでうまくいって、お礼を伝えるたびに、こんなふうに言われるのです。

「りえちゃんだけにってことはないんだよ。わたしにも必ず、その分のいいことがくるんだよ」

だから一人さんは、いつも「自分の喜びのためにやっているんだ」と言って、人のために気持ちよく動いてくれます。

そして、ますますツイている人になっていくのです。

あなたも自分が無理せずに喜んでできることで、ぜひ人の喜びごとを手伝ってあげてみてください。

たとえば、あなたが人の喜びごとを１００手伝ったとしますよね。

相手が本当に喜んでくれたときには、必ず自分の元にも１００の喜びごとが返ってきます。

わたしも先日、ブログにある人が書いた本の紹介をしたら、その記事が出版社の人の目にとまり、その会社から執筆依頼が舞い込みました。

神様がお喜びになったサインは、こんなふうにいつでもわかりやすくてシンプルなのです。

「人のために一生懸命やっているのに、自分にはなにもいいことがない」

もしもそんなふうに感じることがあったら、本当は相手から喜ばれていないのかもしれません。

もしくは、あなた自身が心からの喜びを抱けていないということもあります。

「人の為」と書いて「偽」という字になりますが、偽善の行動では、自分の魂も相手の魂も喜ばせることはできないのです。

それでは、神様も喜んではくださいません。

また、100の喜びごとが一気に返ってくるのではなく、朝起きたらものすごく気分がよかったとか、電車の乗り継ぎがとてもスムーズにできたとか、欲しかった本をプレゼントされたとか、喜びごとが小分けにされて戻ってくることもあります。

戻ってくるものが大きくても、小さくても、そのことにこだわらず、喜びごとに気づいて感動する自分でいると、どんどんかわいがられる人になっていきます。

それでも、ときには失敗することがあります。

自分では一生懸命やったつもりなのに、悲しいことが起こるときもあります。

そんなときも、けっしてあわてないで、いつでもあなただけはあなたの味方でいてください。

すべての経験と感情は「大丈夫」につながっています。失敗の中にこそ、白い石を置ける絶妙の場所があります。

だから、失敗したり、悲しい思いをしたりしたときは、

「わたしに、どんなお話をしてあげたら元気になるかな？」

「わたしは、どんな言葉をかけたら安心するかな？」

そう考えてみるといいですよ。

前にも書きましたが、思いは、自分との会話です。

夜、寝る前には、「がんばってるね」と自分を認め、たくさん褒めてあげてください。

神様は、素直な人が大好きです。

「自分はダメなんだ」

って、下を向いている人には声を届けづらいけれど、

「あ〜、ダメだったなあ。じゃあ、きょうからもっと工夫してみよう！」

って素直に明るさを選ぶ人のことは、神様もたくさんかわいがりたくなります。

自分の機嫌をよくするのって、
この世で最高のボランティアだよな。

ひとり

そういう人は、
周りの人をみんなご機嫌にする
エネルギーがある人ね。

りえ

一人さんはいつも機嫌がいいんです。

「自分の機嫌くらい自分でとって生きるんだよ。人にとらせちゃダメだよ」

これが口ぐせです。

機嫌の悪い人がいると、

「わたし、なにかしちゃったかな……」

「どうすれば、機嫌を直してくれるんだろう」

と、周りの人が気を使います。

そう思わせてしまったとしたら、それは幸せになる白い石（意思）を放り投げて、自分にも周囲にも黒い石をぶつけまくっている状態です。

昔、一人さんと一緒に地方でタクシーに乗ったときのことです。

行き先を告げる一人さんの言葉のイントネーションを聞いた運転手さんが、ミラー越しにわたしたちを一瞥《いちべつ》して、吐き捨てるように言いました。

「お客さん、東京から来たの？　俺さ、日本中で東京がいちばん嫌いなんだよね！　あんな空気の悪いゴミゴミしたところ、人が住む場所じゃないよねぇ」

「んっ？」となるわたしを横目に、一人さんは変わらないトーンで言いました。

「運転手さんも、東京に住んだことがあるのかい？」

「ハハッ、ないよ。大ッ嫌いなんだから」

「そっか。ここもいいところだけどさ、『住めば都』って言うだろう？　東京もいいところなんだよ」

飄々《ひょうひょう》と言われたのが肩透かしだったのか、運転手さんはそのままムスッと黙り込みました。タクシーを降りたあとで、わたしが「いやなことを言う人でしたね」と顔をしかめると、一人さんは笑いました。

「言っていいこと悪いこと、判断できたら1年生。

あの運転手さんは、まだ幼稚園児なんだよ。そう思うと腹も立たないだろ？」

「ははあ、なるほど」

言ってはいけないことを言って、人の気分を害する人は、人間関係を学ぶスタートラインに立ったばかりだという意味です。

一人さんは、小さいときからお母さんによくこの言葉を聞かされていたそうです。

「言葉がちゃんと使えるようになれば、人間関係の1年生。できない人は、幼稚園」

そう考えるとムッとした気持ちは引っ込んで、一人さんの涼しい横顔に、わたしはすっかり毒気を抜かれました。

「それにさ、あの人はどう見ても、タクシーの運転手さんには向いてないだろ。それなのに、ああやって向いてない仕事を一生懸命にやっているんだよ。

あの人がいまできることを精一杯やってるんだよな。偉いじゃないか」

20代のわたしが、お師匠さんの「不動のご機嫌」を目《ま》の当たりにして、脱帽した出来事です。

その後、一人さんはこうも言いました。

「機嫌をよくするのって、この世で最高のボランティアだよな」

たしかに柳に風で相手の悪意を受け流す一人さんは、わたしの不機嫌もたちまち洗い流してしまいました。

ご機嫌な人のエネルギーって、周りにパッと伝染するんですね。

生きていると、毎日、いろいろなことが起こりますが、あなたも自分で自分の機嫌をとれる素敵な人でいてください。

「おもしろいなあ。こんなことが起きるんだ。ここから、なにを学びなさいって言われてるのかな?」

そうやって考えるとき、わたしは「いま、こんなふうにわたしが考えていることが、もうすでにおもしろい」と、いつも感じています。

「なんだか、いやだな（困ったな）」

と引っかかることは、神様とのはじめての対局なのです。2度目の対局なら、もっと早くに対処できて、よりスムーズに「楽しい」になるからです。

だから、簡単にご機嫌でいられないことが起きたら、「きっとはじめての対局なんだ。おもしろそう!」って思ってみると、ストンと心の力みが抜けていきますよ。

「年齢相応」「身の丈」という
世間一般の常識に
縛られる必要はないんだよ。

ひとり

自分の「好き」の軸を
ちゃんと持っていると、
常識に縛られなくなりますよ。

りえ

ときどき、「人の気持ちがわからない」と悩む人がいます。

カウンセリングの人間関係にまつわる相談の中でも、「夫（または妻、恋人、親、兄弟、子ども、友人など）が、なにを考えているのかわからない」

とおっしゃる方が少なくありません。

わたしが見ていて感じるのは、極端に人の心の機微がわからない人は、自分の気持ちもよくわかっていないということです。

自分はなにが好きで、なにが嫌いなのか。

どんなことを喜びに感じ、どんなときに幸せで涙がこぼれるのか。

子どものときは、きっといろいろなことに感動したはずなのに、いつからか自分の感覚に鈍感になって、そのまま無関心になり、それが度を過ぎると、黒い石を拾って歩くようになってしまうんですね。

だから、人づき合いを見直す前に、まずしっかりと「自分づき合い」することをおすすめします。

「外に出て、季節のにおいを感じてください」

カウンセリングでは、そう言います。

季節だけではなく、お天気によっても空気のにおいや風景の色は変わります。

ふとした自然のうつろいや色彩、きらきらした木漏れ日や道に咲いた可憐《かれん》な花に気づいたとき、神様はなんて素敵な世界にわたしたちをご招待してくださったのだろうと思います。

あたたかな春の日差し。夏の到来を知らせるみずみずしい緑のにおい。抜けるように高く澄んだ秋の空。しーんと空気がさえた冬の朝。

あなたの心がうれしくなるのは、どんな景色ですか？

心に染み入ってじいんとするのは、どんなにおいですか？

自然の中に探しにいきましょう。

すると神様が、その日のその時間、あなたに見せてあげたい景色を目の前に用意してくださいます。

旬の食べ物も、ぜひ楽しんでみてください。

いまは栽培技術や流通網が発達して、一年中さまざまな食べ物を味わうことができますが、旬のもの（盛り）は、その時期でもっとも生命エネルギーが高く、見た目もキラキラしていて、とてもきれいです。

わたしは八百屋さんの前で足を止めて、お野菜に見ほれることもあります。旬の時期以外でも、出始めの「走り」から、終わりかけの「名残」まで、ずっとエネルギーがみなぎっていておいしいのですから、それぞれ味わいたいですね。

自分の「好きなもの」がわかっていないと、心と体がその食べ物を欲しがっているのに、

「高いなぁ」

「自分のためだけに買うのはもったいない」

「いまの自分には分不相応」

などいろいろなことを考えて、選ぶのをやめるようになってしまいます。

好きなものがわかっていて、自分に素直に与えてあげられる人は、人の様子にも気

づいて、「これ、お好きでしたよね。どうぞ」って言えるようになっていくんですね。

季節を敏感に感じるようになると、「春っぽい色の服を着たいな」とか、「夏だから、涼やかな景色を見に行こう」など、心がワクワクすることも増えます。

年を重ねるにつれて、ワクワクすることが少なくなっていくという人もいますが、本当は自分でいろいろ決められる分、うんと楽しいことができるはずなのです。

けっして、お金さえあれば幸せになれるわけではありませんが、自分でお金を稼いで、使える金額と使い道をすべて決められるのは、大人の特権ですよね。

ぜいたくをしなくても、そのときの旬の食べ物を買ってきて、ゆっくり味わうだけで心と体は喜びます。子どものときは苦手だった食べ物が、びっくりするほどおいしく感じられる発見もあるかもしれません。

年々、好きなことや好きなものを増やしていく暮らしは、神様がとても喜んでくださる幸せな生き方です。

自分の好きを見つけるときは、「年齢相応かな」とか、「身の丈に合ってるかな」とか、世間一般の常識に当てはめて考えるのはやめましょう。

わたしは、常識をアテにしていません。

常識は、そのときの最大公約数に過ぎないので、いつかひっくり返ることがあります。かつては常識だとされてきた健康法やエチケットが、いまは真逆の非常識とされていること、たくさんありますよね。

それよりも、自分基準の美的感覚やマナーや良識を育てることが、いちばん素敵なことです。

自分なりの幸せの幅と、好きの基準を持っている人は、「この人には、この人なりの基準があるのだろう」と、ほかの人を尊重することも上手になりますよ。

「話す」は「放す」という意味なんだ。
人と話すと、勝手な思い込みや不安が
手放せるよ。

ひとり

一方通行の批評ばかりしないで、
「聞く耳」を持って
楽しく話せばいいんですね。

りえ

先日、「SNSうつ」という聞きなれない言葉を知って、驚きました。

SNSでつながっている人たちとのやりとりに疲弊したり、自分と他人を比べて自己嫌悪したりする「SNS疲れ」が、うつを引き起こすというのです。

いまや1人1台スマホやタブレットを携帯するのが当たり前になって、いつでも、どこでもインターネットができるようになりました。

電車の中やカフェでも、しょっちゅうスマホを眺めている人や、写真を撮ってさかんにネットにアップしているであろう人を見かけます。

わたしはインスタグラムしかやっていないのですが、世界中から集まる素敵な写真を眺めていると、心の中の「いいね」が止まらなくなります。

だから、みんなも楽しんでいるに違いないと思い込んでいたのですが、先日の講演会後に、「りえ先生のブログやインスタを楽しみに拝見しています」と話しかけてくださった人が、こんなふうにおっしゃったのです。

「りえ先生は、いつもたくさんの人に囲まれて、素敵なお店に行かれていますよね。わたしの生活はすごく地味なので、万が一、りえ先生に自分の投稿を見られたら恥ずかしいなって、ついフォローするときに気が引けてしまいました」

わたしは思わず苦笑して、「おいしいものを食べたり、みなさんとお会いしたときに撮った写真ばかりを載せているからよ」と言いました。

わたしにだって、一日中、誰とも会わないで、仕事場で地味に原稿を書き続けているときがあります。オフに外出しないで、本を読んで過ごすときもあります。

「簡単なものでいいや」って、ゆうべの残りのお味噌汁と目玉焼きと冷ごはんをパパッと食べて朝ごはん終わり、ってことだってあるんです（笑）。

ＳＮＳは、マネしてみたい素敵なアイデアや情報の宝庫でもあります。

日常生活を少し変えてみたいなと感じたら、それらを情報探しの目線で見てみるといいかもしれません。

「わたしには無理」じゃなくて、「これならできそう」を探してみるのです。

後日、一人さんと食事に行ったときに、ＳＮＳについて話してみました。

「一人さん、ＳＮＳってすごく便利なツールでしょう？

わたしたちは生成発展塾（一人さんが総塾長を務める参加型の通信講座）でも、グループLINEで、塾生のみなさんととても有意義なやりとりをしていますよね。だけど、SNSをやっていて、つらくなってしまう人も少なくないんですって」

「まあ、そうだろうな」

一人さんはこともなげに言いました。

「いまはSNSやブログなんかで、普通の人が手軽に自分の意見を発信できるだろう？　そこで人とつながっていくおもしろさもあるんだけど、問題なのは匿名で好き放題言えるところだよな。

だから、つい人のことをじーっと観察して、『それは違う』ってやりたがるの。それはコミュニケーションじゃなくて、単なる一方通行の批評だろ？

そんなことばっかりお互いにやってたら、そりゃあ疲れちゃうよ」

一人さんにそう言われて、わたしが塾長を務める生成発展塾・高津りえ校でのやりとりで思い当たったことがありました。

「この間、『なんでも聞いてね』ってグループLINEで言ったら、誰も質問してこないんです。あれ？　と思って、『個別にメッセージをくれてもかまいません』って書いたら、LINEがしばらく鳴り止まないぐらい来たの（笑）」

「『こんな質問をしたら、ほかの人からなんて思われるだろう』って考えちゃうんだろうな。でも、そう思うのは自分が人の質問をじーっと見て批評するクセがついているからだって、気づいたほうがいいよな」

もしもSNSを見ていてつらくなったら、潔くすべてやめてしまうのが、手の中に白い石を握り直すもっともいい方法だと思います。

「自分より、ほかの人のほうがうんと素敵で充実した毎日を送っている」

「自分は、なんてつまらない人間なんだろう」

そんな思いが頭をよぎったら、「こんなことを考えるのは、誤った感情を選び続けて、一生懸命、黒い石を置き続けているからだ。わたしは幸せになる」と、自分で覚悟を決めないといけません。

スマホやパソコンの画面を眺めるのをいますぐにやめて、外に出て、「自分の好きなもの探し」をたくさんしましょう。

また、一人さんは、こんなアドバイスもしてくれました。

「人とたくさん話したほうがいいよ。

『話す』は『放す』なの。人と話すとね、勝手な思い込みや不安を手放せるんだよ。

人と話すときには、『あなたはここがいい。でも、ここが悪い』とか、批評しないの。

お互いに、『ああ、いいね。おもしろいね』って、それだけでいいんだよ」

あなたの目は、いいものを見るために神様がくださいました。

あなたの耳は、いいものを聞くために神様がくださいました。

あなたの口は、いい言葉を話すために神様がくださいました。

けっして、いやなものを見たり、いやなことを聞いたり、いやな言葉を話すために、与えていただいたものではないんです。

人の話を「聞く耳」を持って、たくさん楽しい話をしていきましょうね。

「あなたも幸せ」「わたしも幸せ」。

これからは、幸せ競争の時代だよな。

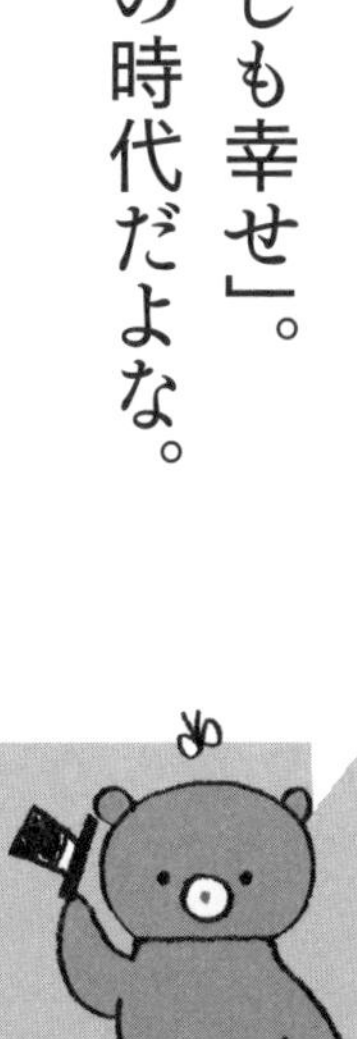
ひとり

幸せ競争をすると、
お互いに幸せの領域を
どんどん広げていけるんですね！

りえ

先日、とてもうれしいことがありました。

打ち合わせが終わったあと、わたしは一人さんにこんな質問をしてみたんです。

「一人さん、わたしは、いま42歳です。

一人さんがわたしと同じ42歳のときには、すでに億万長者でしたか？」

一人さんは、おもしろそうに目を細めると、ほほえみを浮かべて言いました。

「うん、億万長者だった」

「じゃあ一人さんが42歳のとき、スピリチュアルについていろいろなお話をしていましたか？」

「うん、話してた」

そっか、わたしは一人さんほどのお金持ちではないけれど、一人さんと同じようにできているところがあるんだわ、と安心しました。

すると、一人さんが「あのね、わたしが唯一、『りえちゃんはすごいなあ！』って思ってることがあるよ」と言います。

「なんですか？」

「わたしが42歳のとき、630人以上ものお弟子さんはいなかったよ」

それを聞いて、やったあ、と思いました（笑）。

全国にいるお弟子さんは、わたしのかけがえのない宝物です。その全員を一人さんが褒めてくれたような気持ちになりました。

「わたしね、一人さんにお金では勝てないかもしれないけど、いまの一人さんの年齢になるときには、日本でいちばんの幸せ者になっているかもしれません」

思わず満面の笑顔でそう言うと、一人さんがやさしいトーンで返してくれました。

「本当にそうだね。**人って、幸せ競争をすればいいのにな。『あなたも幸せだね、でも、わたしもこういうふうに幸せ』ってさ**」

人は、つい誰かと「不幸競争」をしてしまいます。

「あの人よりは恵まれているのだから、文句を言ってはいけない」

と、自分をいさめたり、

「あの人に比べたら、自分はまだマシだ」

と心をなぐさめたりしたことが、あなたにもあったかもしれません。

たしかにそれもひとつの真実です。遠い国に暮らす不幸せにさらされる人たちに心を馳せると、おごらず、やさしくいられることもあります。

だけど、不幸競争がクセになっている人は、幸せな人を直視できないようになっていきます。

「ずるい」

「悔しい」

「生意気だ」

そんなふうに、まず先に相手を妬む気持ちが芽生えてしまうのです。

不幸競争をやめて、幸せ競争をすると、「ああ、いいね」と人に心から素直に言えるようになっていきます。

お互いがお互いの幸せを受け入れて、一緒に幸せの領域を大きくしていけるのです。

誰かが一人勝ちする時代は、もう終わりました。

富士山は標高とその姿の美しさで日本一の山ですが、これからはいろいろな小さな山が自分なりの魅力を出し合う時代です。

幸せ競争は、いちばんを決める戦いではないんですよ。

「わたしも素敵、あなたも素敵」
「あなたも幸せ、わたしも幸せ」
こんなふうに、認め合う競争のことなんです。

「あなたの笑顔は最高」
「あなたのおしゃれって魅力的」
「あなたって本当にチャーミングね」

そんなふうに、いろいろな人の個性を発見して、「でも、ロマンチストならわたしだわ」なんて、自分の好きなところも一緒にかわいがっていってくださいね。

魅力は引力

りえ

先日のカウンセリングで、「僕は、自分が好きなたった1人の女性から好かれたら、それでいいんです。会社の上司とか相手の家族に対して、かっこつけたって仕方がないし」とおっしゃった男性がいたんです。
そこでわたしは、「たった1人から選ばれる人になるよりも、多くの人から選ばれる人を目指したほうが、あなたもお相手も幸せですよ」ってお話ししました。

ひとり

それはそうだよな。だって、１００人の女性のうち、99人がいやがる男性のことは、意中の彼女だっていやなはずなんだよ（笑）。
ときどき、そんなふうに「あの人にだけ好かれればいい」って言う人がいるけど、1人からも好かれてないなら1人に好かれる努力を、1人に好かれたなら今度は2人から好かれる努力をすることだね。
あ、これは別にいっぱい彼氏、彼女をつくりなって話じゃないからね（笑）。
彼女のお母さんにも好かれたほうがいいし、近所の人にだって好かれたほうがいいよってこと。

りえ　うん。好かれる人っていうのは、つまり人から「選ばれる人」ってことですよね。

ひとり　そうだね。**魅力がある人は、どうしたって周りから好かれて、神様からも人からも選ばれるんだよ。**

りえ　人にはいろんな魅力があるし、人それぞれの好みもありますけど、一人さんが思う「選ばれる魅力」って、どんなことですか？

ひとり　「人の役に立つ」ってことだろうな。
いるだけで周りをパッと明るくするとか、気持ちよく頼まれごとを引き受けるとか、そういう人には、エゴの自己愛じゃなくて、相手のことを思う愛がいっぱいあるから、そりゃ魅力的だよ。だから、仕事でも恋愛でも必ず選ばれるんだよ。

りえ　**魅力って引力みたいなもので、本人が特別に意識しなくても、人や運が集まってきちゃいますよね。**

笑顔が素敵で、思いやりのある言葉が自然とあふれてきて、人のためになにかやってあげるのを苦にしない人。それ以外には、なにがありますか？

ひとり

相づちが上手だね。「へぇ〜」「なるほど」「うんうん」って、大きくうなずきながら人の話を聞く人って、好かれるんだよ。

あのね、いい相づちって、人を褒めるのと同じことなの。「おもしろいですね」「さすがですね」って、まなざしとうなずきにこもるからね。

りえ

たしかに講演会やカウンセリングでも、まっすぐこちらの目を見てうなずく人には話しやすいなあって感じます。

照れて下を向いちゃう人も、恥ずかしがりやでかわいいなって思いますけど、「聞いてますよ！」って態度を見せてくれると、話し手もうれしくなります。

ひとり

この本を読んでくれているあなたもね、人を感心させることを言うよりも、人が言ったことに感心するほうがはるかにラクなんだから、真心のこもった相づちを、ぜひ実践するといいよ（笑）。

あとね、「魅力は引力」って、りえちゃんの言った通りなの。

魅力のいいところは、あとからいくらでも足せるんだよ。生まれつき脚が長くなくたって一人さんが魅力的なのは、あとからいっぱい足したから（笑）。

りえ

反対に、いくらでも引くこともできますね。

ひとり

そうだよ。魅力って、自由に自分で足すことも引くこともできるの。

世の中には、つらいことが2つあるよね。

ひとつは、「会いたい人に会えないこと」。

もうひとつは「会いたくないやつに会わなきゃなんないこと」。

「あの人には会いたくないな～」って思われる人にならないようにしなよ。

「あの人に会うとうれしくなる」って、「選ばれる人」を目指していこうよ。

第3章

マイナスな感情とのつき合い方

ネガティブな感情の原因を
人に押しつけていると、
自分が負のスパイラルにはまっちゃうよ。

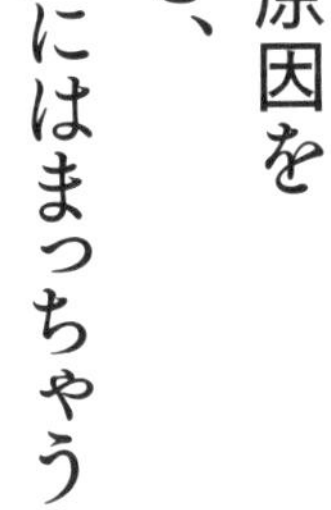

ひとり

ネガティブな感情を抱く
原因をわかっておけば、
その感情に
飲み込まれなくなりますね。

りえ

「不安や怒りや悲しみが湧き起こって、苦しくなります」

カウンセリングルームで、20代のB子さんが涙を流して言いました。

会社で上司に叱られるたびに、ネガティブな感情が一気に襲いかかってきて、どうしたらいいのかわからなくなるといいます。

ネガティブな感情がやってきたら、「自分は、どんなパターンのときに、この感情に陥るのか？」を分析することが大切です。

原因がわかると、その根源を改善しようと前向きに考えることができますが、原因がわからないままだと、感情に酔って飲み込まれてしまうからです。

ネガティブな感情が湧き起こるパターンは、人それぞれです。そのため、対処する方法も人それぞれ。だからこそ、「自分のパターン」を知ることが大切なのです。

寝不足や空腹が引き金になる人もいるし、「コンプレックスを刺激されると、たちまちネガティブで攻撃的になる」と、カウンセリングで打ち明けた方もいました。

B子さんの場合は、「上司の叱責」でした。

そうであるならば、上司に叱られない仕事をすれば、B子さんはネガティブな感情に陥るのを回避できるはずです。わたしがそう伝えると、

「でも、わたしにはとくにつらく当たるんです。同僚はその上司と関係がいいので、誰もわたしの気持ちをわかってくれません。それがよけいにつらいです……」

上司に叱られる原因を正す努力については、のらりくらりとかわしながら、「わたしはとてもつらい」と訴える彼女は、感情に酔っているように見えました。

「悲劇のヒロインをやっていて楽しい？　あなたはそのために生まれてきたの？　違うでしょう。もう、自分にいやなことをするのはやめましょう。

あなたが、いまいやな思いをしているのは、自分にいやなことをしてもいいって許可しているのと一緒です。そんなことは、1秒でも早くやめましょうよ」

わたしが言うと、「りえ先生まで、厳しいことを言うんですね」と、よりいっそうB子さんのすすり泣きが大きくなりました。

ネガティブな感情で苦しいのは厳しい上司のせい、りえ先生のせい、理解のない周囲のせい……。

そんなふうに、自分以外に感情の原因を押しつけていると、怒られていないときでも負のスパイラルに陥るようになります。

「それは一刻も早くやめたほうがいい」と、わたしはもう一度、言いました。

「上司に叱られているとき、あなたは素直に受け入れていますか？『この人の言うことだから聞きたくない！』って、耳をふさいでしまっているでしょ。

わたしが感じる限り、その上司はけっしてほかの人をひいきなんてしていないし、あなたにも常識的な注意しかしていませんよ。

『遅刻するときは必ず連絡をするように』『仕事の期日を守れないときは、もっと早く相談をしなさい』。どれも、すごくまっとうなことよね」

ぐっと言葉に詰まったB子さんは、ふてくされたようにうつむきました。

叱られて卑屈になったり、僻《ひが》んだりする人たちは、自分に素直ではありません。

せっかくの注意を受け取ってよくなることを放棄し、わたしのところにきて、

「相手の黒い石の出し方はひどい、卑怯だ」

と訴えます。けっして、自ら白い石を置こうとはしないのです。白い石を持って生まれてきたのに、とてももったいないことです。


うちのスタッフたちも、わたしが注意をしたときに、ぶぜんとした顔で「はい」と言うことがありました。

「はい」とは言うものの、表情はまったく納得していないのです。

「納得できない？　自分は間違っていないと思うのならちゃんと言いなさい」

わたしは彼女たちにそう伝えました。

わたしは、たとえ相手が一人さんであっても、自分は間違ってないと思ったら、納得がいくまで話し合います。それが、自分に素直な白い石の出し方だからです。

「いいえ、わたしが間違っていました」

とスタッフが言うので、

「そうよね。あのね、間違った上にブスッとしていたら、まず、わたしたちの関係が悪くなるでしょ。そして、感情を引きずって、お客様の前でもそんな顔をしていたら、誰もここにいらっしゃらなくなるわよね。

あなたたちのお給料は、わたしからもらっているように見えて、じつはすべてお客様がくださっているものでしょう。

すると、『お給料を出せないから辞めてもらいます』ということになる。全部、自分に返ってくるのよ。だから、まずそれをやめようね」

と話しました。

さて、わたしはB子さんに聞いてみました。

「同じことを、あなたの好きなあこがれの先輩に言われたらどう？」

「……がんばって、直すと思います」

「そうよね。『上司が苦手』なことと、『上司の言っている内容』を混同しちゃいけないわ。言われていることはその通りだ、って感情とは整理して受け取らなくちゃ。

上司に叱られてカチンとくるのは、耳に痛いからよね。『言われたらいやだな』って自分でも思っているから、よけいに反応しちゃうのよ」

上司がほかの人たちからは好かれているのなら、「自分が上司を嫌いだから、見合うものが戻ってきているんだ」と考えなくてはいけません。

感情は、すべて自分から始まっています。

「嫌い」という感情を出すと、相手も自分に対して同じように感じるのです。

嫌いという感情は、必ず相思相愛――でなく、相思相嫌――になります。

神様は、「その感情を出すとどうなるのか？　まず、自分が先にこの世で試してみなさい」と教えてくださっています。

それでもどうしても、相手のことが苦手だと感じるのなら、「注意の言葉だけは素直に受け取って、心は離れておこう」と決めればいいのです。

B子さんは、もしかしたら、まだ何度か同じことを繰り返すかもしれません。でも、自分のパターンを知ることができたのですから、きっと大丈夫。わたしはそう信じています。

ネガティブな感情におぼれる人は、
「地獄道」が魅力的に
見えているんだよ。

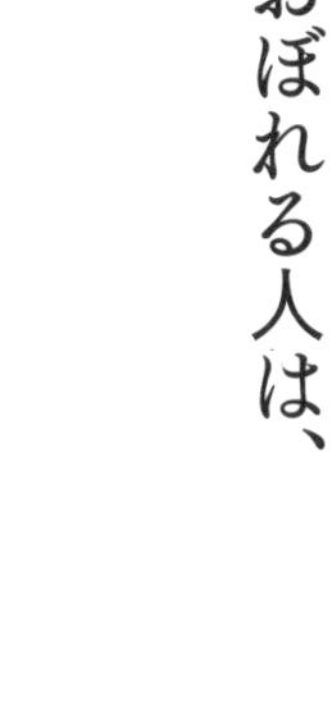
ひとり

日ごろから、自分で自分にいやな思いを
投げかけないようにすると、
「天道」が見えてくるんですね。

りえ

「感情に酔って、飲み込まれる」と書きましたが、怒っているうちにますますヒートアップする人を見たことがありませんか？

悲しみの感情も同じで、悲劇のヒロインになりきって、どっぷりと悲嘆に暮れる人がいます。

怒っても、悲しんでもいいんです。

問題は、「いつまで、それをやるの？」ということですね。

そこに居続けたらもっと苦しくなるのに、あれこれと言い訳をしてまでネガティブな感情におぼれようとする人たちを、これまでたくさん見てきました。

人と自分を比べて落ち込んだり、ずるいことを考えたり、ふてくされたり。

わざわざ黒い石を見つけに行く人からは、離れてあげるしかありません。

「天道」と「地獄道」には「分かれ道」があります。

天国につながる「天道」と、地獄に向かう「地獄道」には、分岐点があるのです。

その分かれ道までは追いかけていって、助けてあげてもいいけれど、そこから先は一歩たりとも踏み込んではいけないのです。

「もうちょっと近くに来て助けてほしい」

と相手は甘えたり、泣き言を言ったりして、あなたのことも地獄道に引きずり込もうとします。

そこで心が揺れるのは、自分も分かれ道のがけっぷちにいるからです。

心がもっと天道に近い場所にあれば、少しも揺らぐことはありません。


「どうして進んで地獄道に行く人がいるのかなあ……」

サロンでお茶をしていたとき、ふとわたしが独り言をもらすと、一人さんがこう言いました。

「ネガティブな感情のとりこになっている人には、地獄道が輝いて見えるんだよ」

イライラ、不安、悩みグセ、ひがみグセ、いじけグセ……。

地獄道のそばにはそんなものばかりが落ちているというのに、その人たちにはそれが光り輝いて見えているということです。驚いたけれど、大変腑《ふ》に落ちました。

言い訳をしてまで地獄道に向かう人を、あなたは追いかけてはいけません。

追いかけちゃいけない人も、いるんです。

地獄道へ行ってみなければ、そこがごまかしとまやかしの巣窟《そうくつ》だと気づけない学びもあるんです。

「早めに気づけて、ご安全に戻れますように」と祈って、あなたは天道を目指していきましょう。

この話をしたら、生成発展塾の塾生から、

「地獄道を魅力的に感じないためには、どうすればいいですか?」

と尋ねられました。

「常日ごろから、自分で自分に、いやな思いを投げかけないこと」と答えました。

たとえば、飲みかけのペットボトルのお茶を異性の友人に差し出して、「これ、飲む?」

って、あなたが聞いたとします。

「いや、いらない」と言われたら、どんなふうに感じるでしょうか。

普段から、「自分はブスだ」「自分はモテない」と思っている人は、「自分がブサイクだから、いやがられたんだ」って卑屈に感じるんですね。

わたしだったら、「あら。わたしのことが好きだから、照れてるんだわ」って思います（笑）。

正解は「おなかいっぱいだから、いまはいらない」だったとしても、相手に好かれていると思ったほうが自分は幸せでいられます。

そして、自分が逆の立場になったときには、「ありがとう、いまはおなかいっぱいだからいりません」と、気持ちをはしょらないで伝える大切さにも気づかなくてはいけません。

悲しくなったり、腹を立てたりするのは、自分の勝手な思い込みなんですね。

「豊かになりたい」「幸せになりたい」と思うだけじゃなくて、「必ずできるよ」って、折に触れて自分に話してあげましょう。

そうしていると、同じように白い石を握って天道を目指す人たちと出会うようになります。

ときには地獄道に向かいたがる人がやってくることもありますが、「おかしいな」と見抜く力も備わるので、いつも大丈夫でいられます。

人の感情の中に生きてしまう人は、
やがてその人を
コントロールしようとするよ。

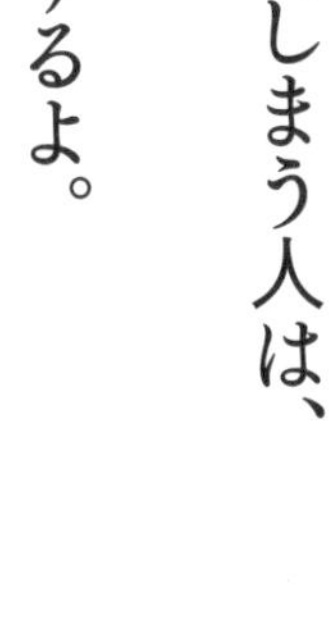

ひとり

自分の感情の中に生きればいいのね。
そうすると、人や物事に対する
見方が安定するわ。

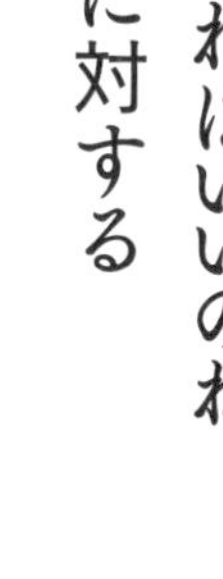

りえ

人のことなのに、まるでいつも我がことのように感情移入をして、「絶対に、〇〇したほうがいい！」などと言う人がいます。

ある女性は独身時代、お母さんから、

「あの子はお友だちとしてどうかしら。お母さんは好きじゃないわ」

「Aさんと比べて年収も高いし、つき合うなら将来性のあるBさんよ」

「まだ結婚しないの？」

と言われ、結婚したら今度は「子どもは？」と言われ、1人目を産んでやれやれと思ったら、「2人目は？」「習い事は？」「同居は？」と言われ続けて、もうノイローゼ寸前です、とカウンセリングにやってきました。

「夫婦で考えるから大丈夫よ、ありがとう」

そう言って、お母さんの感情には長くつき合ってはいけないとお話ししました。


人の感情の中に生きてしまう人っているんですね。

誰かの喜びごとを、自分もうれしく思うのはかまいません。

悲しみに寄り添うのも、あなたがやさしい証拠です。

でも、人の感情の中に生きたがる人は、自分ではできないことを、その人の経験に乗っかって楽しむだけでは飽き足らなくて、本人の行動を制限し、思い通りにコントロールしたがるようになります。


わたしも若いときに似た経験をしました。

当時、わたしのことを好きだと言ってくれる男性がいたのですが、「恋愛感情を持てないから、おつき合いはできません」とお返事をしました。

その人は、それでもかまわないと言って、車で送迎してくれるなど以前と変わることなく親切にしてくれました。

すると、あるとき、彼のことをとても好きな女の子から呼び出されて、

「どうしてつき合う気もないのに、いい顔をしているの？」

と糾弾《きゅうだん》されたのです。

「なぜ、あなたがそれを言うの？」

と聞くと、

「彼はやさしいから言えないだけで、きっと同じように思っているはず。その彼をもて遊ぶなんて、本当にひどい人ね！」

その女の子はものすごく怒りながら、勝手に彼の感情を語り始めました。

その自称・代理人の女の子には、彼もほとほと困っていたようです。


「絶対につき合ったほうがいいよ」

「そんな人とは離婚するべきよ」

こんなふうに、責任のとれない他人事に介入してはいけないんです。

人の感情に乗っかって生きる人は、うわさ話に流されやすくて、人や物事への評価もコロコロ変わります。

これは心コロコロの中でも困った症状で、それを指摘すると、その人たちは、「わたしは相手のためを考えて、よかれと思って言ってるの！」と憤慨さえします。

感情は自分でしか、かじ取りはできないんです。

人の感情のかじ取りをしたがると、自分の手元がお留守になって、ますます進路が天道から離れていってしまうんです。

ですから、いつも自分の感情に生きてくださいね。

もしも、あなたの感情に入り込もうとする人が現れたら、「自分で、ちゃんと考えているから大丈夫よ」と言って笑いながら、うれしかったことや、楽しい話をしてあげましょう。

「心配してくれて、ありがとう。でも大丈夫」

そう言い続けていると、感情乗っ取り屋さんたちは、「この人はわたしにかじを取らせてくれない」とがっかりして、離れていってくれます。

「思い出し怒り」は、
前を見ながら
過去の怒りを掘り返し続けることだよ。

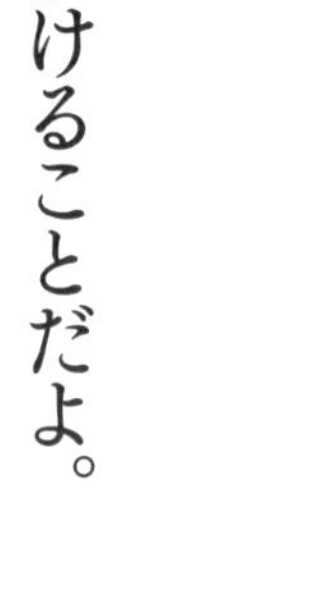

ひとり

アクセルをかけながら、
ブレーキを全力で踏んでるのと同じ。
心にも体にもいいわけないですね。

りえ

自分はすでに相手を許したはずなのに、過去の怒りが再燃する「思い出し怒り」をした経験はありませんか？

たとえば、かつてご主人に浮気をされた女性が、いまはとてもやさしくされているのに、「映画に行こうか」と言われて、「浮気相手とも行ったんでしょ？」と、ケンカ腰になってしまうとか。

カウンセリングで伺う相談でも、めずらしい話ではありません。

結婚、妊娠・出産、病気、親の介護問題など、一緒に協力して乗り越えなくてはいけない人生の転機のときに、パートナーとの間に問題が起きて、相談に来る方が多くいます。

大変なときに相手から思いがけない仕打ちをされて、「何年経っても、そのときの怒りがよみがえって困ることがある」というのです。

相手は（ときによっては自分も）未熟で、学んでいる途中で、すべては愛を学ぶための経験だったのですが、途中経過の感情だけにとらわれ続けてしまうのですね。

思い出し怒りは、「おもしろくない！」って思っているときに、背後から次々と石つぶてが飛んできて、さらにダメージを受けて怒っているようなものなのです。

でも、振り返るとわかるんです。**過去に抱いた「いやな感情」だけを切り取って、何度も背中に石を投げつけているのは、過去の相手じゃなくて自分自身だってことが。**

このことに気づかないと、苦しいままです。

思い出し怒りをするのは、心がちょっと落ちているときです。

人によっては「思い出し悲しみ」もありますが、これも同じです。

「似たようなシチュエーションだったから、思わずよみがえっちゃったんです」と、おっしゃる方もいるのですが、ご機嫌なときだったら、その状況でも過去の怒りや悲しみをひもづけて引っ張り出してくるようなことはありません。

その証拠に、思い出し笑いをするときって、気分がいいときですよね。

ちょっと悲しかったり、不安だったり、なにかが満たされていなかったり、心が不安定なときは、ふつふつと思い出し怒りをしがちです。

ずっと前に通り過ぎたはずの怒りを思い出したら、「いま、わたしはちょっとコンディションがよくないんだな」って気づいてください。

「自分は少し気分が落ちているんだ」と気づくと、「じゃあ、ちょっと落ち着いて気分転換をしよう」って、白い石（意思）を持ち直すことができます。

気分転換をするときは、思考で抑え込もうとしても、うまくいきません。

口角を上げて笑顔をつくったり、好きな飲み物をゆっくり味わったり、甘いチョコレートをひとかけらかじったり、気分のよくなる音楽を聴いたり、気の合う人とおしゃべりしてみたり、スキップしてみたり（笑）。

まず、体が喜ぶことをすると、つられて心も楽しくなります。

以前、一人さんに、「思い出し怒りをすることがありますか？」と聞いたら、あっさりと「ない！」って予想通りの答えが返ってきました（笑）。

「人が感情を持って生きることは、車の運転と同じなの。自分のアクセルとブレーキのかけかたを覚えて、しっかり前を見て運転していくんだね。自分のハンドルとしっかりつながってないと、神様とも世間ともつながれないの。

たとえばさ、自分の前に、ものすごく乱暴な割り込みをしてきた車がいたとするだろ？　こいつめ、自分はこんな運転はしないでおこうって思うよな。

それで終わればいいのに、交差点を3つも4つも過ぎても、ずっと『許せない、あのドライバーは本当になっていない』なんて怒っていたら、自分の運転だっておぼつかなくなっちゃうよ。

車の運転をしない人だったら、自分が助手席に座っているのを想像してごらん。

運転席の彼氏や彼女が、2時間も3時間も前に遭遇したマナーの悪い車の文句を言い続けていたら、地獄のデートだろう？（笑）

過去に浮気したってていったってさ、いまはやさしくされていて、自分も相手にほれてるんなら、そのことだけに集中しなよ。いつまでも過去の怒りを掘り返されたら、男も女も愛情が枯れていっちゃうんだよ」

思い出し怒りは、アクセルをかけながら、ブレーキを全力で踏むようなもので、心にも体にもよくありません。

あのとき、自分も相手に愛情を注げていなかったのではないか？
お互い様を教えられるために、悲しみや怒りの感情を経験したのだろう。
自分は、相手を傷つける振る舞いはしないでおこう。

そんなふうに、過去の怒りや悲しみを学ぶ材料にしてしまえば、たとえ当時の記憶がよみがえったとしても、「すでに学び終わったこと」だと、うろたえずにいられます。

そして、いま、自分がするべきことに集中すると、目の前には明るくまっすぐな道が開けていることにちゃんと気づけるようになります。

すべての物事は、自分の責任。
自分でそれを選んでいることに
気づけるといいね。

ひとり

人のせいにしている間は、
なにも見えないものね。
自分がそれを選んだとわかったら、
そこに自分の課題があると気づけるわ。

りえ

わたしは、本を読むのが大好きです。本屋さんで読みたい本を探すのは至福のときで、宝の山を前にワクワクします。

世の中には、本当にいろいろな本がありますね。

ジャンルだけではなく、テーマもさまざまです。

若いころは、自分が一人さんから教えてもらっていることとかけ離れた内容の本を見かけると、違和感を持つことがありました。

たとえば、つらさを抱えている人に、よりよいものの見方を伝えるのではなく、「つらいことはしなくていい」とすすめたり、「親が悪い」と言い切ったりする本もありました。

いまから15年くらい前、一人さんに聞いてみたことがあります。

「どうして、『人のせいにすれば、自分がラクになれる』と教える本が売られているんですか？」

すると一人さんから、こんな言葉が返ってきました。

「そのレベルの人がいるから」

その段階が必要な人もいる。

そのレベルを経ないと、次にいけないこともある。

それはよく理解できました。

でも、わたしは生きながら、その段階に学びたくないなと感じました。

怒りが抜けない、どうしても思い出し怒りがやめられないというのなら、そのレベルのときがあってもかまいません。

ただ、その段階に10年も20年も立ち止まり続けるのですか？　ということなのです。

怒りをエネルギーにして、「あの人を見返してやる」と発奮するのもひとつの方法ですが、それでは「怒り続ける」ことになるので、体も心も痛めてしまいますし、長くは続けられません。

そして、そのやり方を選んだ人が握り締めている石は白いかといったら、限りなく黒に近く、天道からも、はるか手前の段階だと言わざるをえないのです。

そういうわたしも、ずっと若いときに人を許せないと思ったことがありました。

頭の中で、相手に跳びげりしている自分を思い描いて溜飲《りゅういん》を下げたことだってあります。

当時、「一生、恨むと思います」と言ったわたしに、一人さんが言いました。

「そんなことは絶対にできないよ。りえちゃんはやさしいんだから。人を恨むなんて、似合わないもの」

「なにをおっしゃるんですか。できますよ！」

と、内心で反論したのですが、一人さんが帰ったあとで、その言葉を思い出して涙が止まらなくなりました。

泣いているうちに、お客様とスタッフの笑顔が次々と目の前に浮かんできて、この人たちを悲しませることはできないと思いました。

その日から、わたしが相手をやりこめてやりたいと感じることはなくなりました。

憎しみを抱くのは、相手の振る舞いのせいだと思っていました。でも、わたしは自分でその感情を「選び続けて」いたのです。

「りえちゃんは、やさしい」と言ってくれた一人さんの言葉が、「すべての感情は、自分で選び直すことができる」と知るきっかけを与えてくれました。

あらゆることの源は自分なんだと思ったら、気持ちがラクになりました。

「意地悪をするいやな人」に視線を注ぐのをやめて、「意地悪をされる時期がやってきた自分」にフォーカスしたことで、わたしはすっかりラクになれました。

すると、いやな行いをする人を心の中に居座らせ続けるのはやめて、愛する人たちで心を満たそう、わたしはやさしさを選んで生きようと、白い石を置ける場所がちゃんと見つかりました。

人のせいにしている間は、怒りや悲しみで視界が曇って、なにも見えません。

「当事者は相手ではなく、いつでも自分だ」って見方を変えると、きっと解決の糸口

が見える段階にいくことができます。

なにかが起きたら深呼吸をして、自分に原因や課題があるんだなって探してみてほしいのです。

「相手が加害者で、自分は被害者」と考えるのをやめる練習をすると、上の段階で学び続けられます。

怒りや悲しみは「異常気性」。
だから、長くは続けられないんだよ。

ひとり

「喜び」と「怒り」の間に
「普通」の状態をつくってみて。
感情の振れ幅が小さくなるから。

りえ

不幸な感情が心を占めている人は極端です。0か100か、黒か白か。そんなふうに2択を自分にも相手にも突きつけて、それが原因でうまくいかなくなることがあります。

不幸な人は、大きく分けると、自分の感情に貼るラベルが「うれしい」か「許せない」しかありません。

だから、ちょっとしたことで落ち込んだり、怒ったり、悲しんだり、ものすごい振れ幅で幸せと不幸せをいったりきたりします。

こういうことを繰り返しているうちに、心がとても疲れてしまいます。台風のような感情に振り回されて、周囲もついていけなくなってしまいます。

よく怒ったり悲しんだりする人について、一人さんはこう言います。

「怒りって、瞬発力なんだよ。人間の体は、瞬発力が長く続かないようになってるの。だから、怒っている人を見たら、しばらく経ちゃあ、収まると思っていればいいの。

普通はね、ひとしきり怒ったら、ふっと穏やかになるものなんだ。

怒ってるときや泣いているときって、バレリーナが爪先立ちしているような状態なの。一日中、あんなことやってたら、足がおかしくなっちゃうだろ？

怒り続けたり、泣き続けたりするのは、生き方が間違っているってことなんだから、自分の体が壊れていっちゃう。異常気象ならぬ『異常気性』だね。だから、長く続けちゃいけないんだよ」


怒ったり悲しんだりし続けていると自分が壊れることを知って、どうやったら感情の異常な状態を収められるのか、自分なりのやり方を探すことが大切です。

そこで、わたしがおすすめしたいのが、感情の計器に「普通」の状態を設けること。

朝、目が覚めたときに、そこまでハッピーな気持ちではなかったら、「きょうは普通の日だわ」って思うんです。

「うれしい」から、「怒り」までは、とても大きな変動です。その真ん中に「普通」を設けるだけで、振れ幅は小さくなりますよね。

笑顔でいることは素敵で大切なことですが、人には「素《す》（普通）」のときもあって当然です。ただし、それは「つらい日」ではなくて、「普通の日」なのです。

無理にテンションを上げようとしたり、活動的になろうとしたりするとうまくいかなくて、とたんにネガティブなほうに針が振れることになりますが、「普通だ」って思うと、針は中央でおとなしくしています。

人は、大きなパワーを持った感情に引きずられてしまいがちです。

にこにこして楽しい話ばかりする人がいたら、自分も心が浮き立ちます。反対に、いやなことばかりを言う人に影響されることもあります。

明るく元気でいるのがむずかしかったら、普通でいましょう。

それでも相手の暗さに当てられて、「普通」に針を留めるのがしんどいなあと感じるなら、自分もその人の感情に近いがけっぷちにいるというサインです。

怒ったり、悲しんだりしている人が近づいてきたときは、「きょうは、暗いほうに針が振れている日なのね」と明るく思って、心まではつき合わないことです。

わたしは、誰かの感情からほんのちょっぴりでもよくない影響を受ける気配があると、「もっと勉強しなくちゃ」と思います。

まだまだカウンセラーとして成長するチャンスだと感じるのです。

そして、その人の笑顔が本当はとても素敵なことを知っていたら、「どうしたの？あなたらしくないね」と言います。

そのたったひと言で、相手の心がふっと緩むのを感じます。本当は、相手だって普通でいたいはずなんです。

普通より針が悪いほうにいくときは、自分がワクワクできるものに触れてください。過去の幸せな経験を思い出すのが大変なときは、人の成功体験やおもしろい話を見聞きするのもいいでしょう。

大きくて明るい感情のパワーに触れて、計器を「普通」に保つ。これだけでも、格段に毎日が過ごしやすくなっていきますよ。

問題は、100％自分が原因

ひとり

「どうして、姑はあんなに意地悪なんでしょう？」

「主人が家にいると、気分が悪くなるんです。どうしたらいいですか、一人さん」

そういう相談をされることがあるんだけど、意地悪な姑がいたり、奥さんの気分を悪くしたりする旦那をわたしが紹介したわけじゃないんだよ（笑）。

わたしが仲人したんなら、「そうなんだ、ごめんな」って言うけどさ（笑）。

りえ

お姑さんから意地悪をされたり、ご主人と感情の折り合いがつかないときに、いやだなって思うのは仕方のないことですよね。でも、そのあとが肝心。

「わたしがこんな感情を持つのは、すべて相手のせいだ」って考えると、いやな感情を心に持ち続けることになりますよね。

ひとり

そうなんだよ。**なにかが起きたときに、「100％自分が原因」って思うと、人ってものすごく簡単に改良できるの。**

どんなに人にも「因果」ってものがあって、過去に自分がやったんだよな。

前世で、お嫁さんをいじめたり、奥さんをぞんざいに扱ったりしたの。

「だから、逆の立場を学んでいるんだ」って、忍耐でもって心に愛と光の一滴を垂らしていくと、因果は解消されちゃう。
いやだなって感じたときは、因果を解消するチャンスでもあるんだね。

りえ

どんな感情であっても、「自分が先に誰かに味わわせたんだ」って、知っておくといいでしょうね。そして、「知ったら経験をするようにできている」ってことも、覚えておくといいと思います。

ひとり

そうだね。わたしもりえちゃんも、山ほどいろんなことをやってきているはずだよ。でも、今世だけじゃとても解消しきれないから、神様に勘弁してもらっているんだ。だから、人って、何度も何度も生まれ変わるの。
前世よりも愛と光と忍耐が強く輝くように、一歩ずつ前進していくしかないの。

りえ

自分が人にいやなことをしてしまったときに、相手からも同じいやなものが返ってきて、「ああいうことをしてはいけなかったんだな」って、学ぶこともありますよね。

ひとり　あるね。それも因果の解消だね。そこでまた自分がやり返したら、因果はもっと大きくなって、来世まで持ち越さないといけなくなる。そんなの、くたびれちゃうよな。

りえ　みんな幸せになるために、生まれてくるんですものね。ほかならない自分のために、幸せな感情を選んで、迷わず歩いていっていただきたいなと思います。

ひとり　それからね、わたしは、「反抗期がなかった人は、自分の考えがない」ってよく言うんだけど、親に反抗しなかった人は、親や世間の意見を自分の考えだって思ってるんだよ。そうすると、自分の感情にも素直ではいられなくなるんだね。だから、反抗期ってすごい大事。その点、りえちゃんは安心だね（笑）。

りえ　はい、中・高校生でこじらせましたから（笑）。

反抗期って、子どもにとって神様にも等しかった「親」の意見を全否定することだと思うんです。そこではじめて、「じゃあ、自分の意見ってなんだろう?」って、自分の内面と向き合う作業をしなくちゃならなくなります。

そのときに、自分が本当に好きなもの、やりたいこと、うれしいこと、悲しいこと、苦しいこと、楽しいことを、じっくりと考えますよね。

ひとり

うん。もしもね、反抗期がなかったって人は、「クソババア」「クソジジイ」って、いまからでも言えばいいの。心の中でだよ。いまさら年をとった親に言って心配かけるんじゃないよ（笑）。
でね、誰のせいにもできない自分の価値観ができてきたら、「いま、この感情を選んでいるのは自分だ」「自分が、先にこの感情を誰かに抱かせたんだ」って、いつかストンと腑に落ちるようになってくるんだ。
親のせいだ、姑のせいだ、旦那のせいだ、世間のせいだなんて言い訳が自分に通用しなくなるんだよ。

第4章

愛情があふれてくる生き方

人の言葉を素直に受け取ると、
出会うべき人やものへの
近道が歩めるよ。

ひとり

人の感情をわかってあげると、
愛にあふれ、新しい出会いに
恵まれるんですね。

りえ

「先生、聞いてくださいよ。うちの旦那ったら、休みになると昼間からビール飲んで、パチンコに行くんです。本当に困っちゃうんです」

ご主人の相談が終わったカウンセリングルームに入ってきて、そうおっしゃったのは、50代の奥様でした。

ご主人がカウンセリング中に、「妻がうるさくてかなわないんです」と訴えられたとき、わたしの脳裏に奥様のイメージが伝わってきました。

そのときに思い浮かんだイメージと相違ない方でした。

「きっと、うちの旦那、わたしのことなんか言ってましたよね？」と奥様が言うので、「おっしゃってましたよ」とわたしは答えました。

「やだ、なんて言ったんですか？」

「すっごく、いい奥さんだって」

「うそばっかり！」

「あら、本当よ」

ご主人は口にこそ出しませんでしたが、心の奥深くでは奥さんと仲よくしたいと思っていることもわたしにはちゃんと伝わっていましたから、うそではありません。

「でもね、あの人はパチンコをやるんですよ……」

と、ここで冒頭の奥様の発言になりました。

「やらせてあげるといいですよ。お酒でもギャンブルでも、苦しみから逃れるためにやる人は依存してしまうけれど、楽しみでやる人は大丈夫。度を超えて借金してまでやろうとはしないものです。

『お父さん、楽しんで儲けて、わたしにもなにか買ってね！』って言えばいいの」

そう言うと、奥様は苦虫をかみつぶしたような顔になりました。

「でも、晩酌も毎晩なんですよ」

「あなた、横でずっと文句を言ってるでしょ？　飲まなくちゃ聞けませんよ。『お父さん、きょうもお仕事ありがとうね』ってビールを出してあげたことありますか？」

「ないです。だって先生、休みの日だって飲むんですよ」

「あなたも、お休みの日だってごはん食べるでしょ？　『えーっ、休みの日までごはん食べるの？』って言われたらつらいでしょう。

だから、旦那さんに『ありがとう』ってお酒を出してあげてください」

「でも、病気にならないかと心配で」

「お酒を飲んで体を壊す人の特徴は、『病気になるからね！』って毎日暗示をかける人がそばにいるかどうかなの」

そこまで話すと、奥様ははっとした顔をしました。

後日、2人で来てくださったのですが、奥様の小言が感謝の言葉になったら、ご主人は休日にビールを6本飲んでいたのが、1本で切り上げるようになったそうです。

パチンコもお酒もたしなまない奥様は、それまでご主人の息抜きの喜びをわかってあげられなかったのですね。でも、もう大丈夫です。


「わたしのすごく好きな海外ドラマがあってね」

「わたし、ドラマは観ないから」

こんなふうに話題を提供されても、会話を断ち切ってしまう人がいます。「興味がない」「趣味が悪い」と言いながら、内心では楽しんでいる相手を妬んでいるのです。

映画でもアニメでも音楽でも文学でも、アイドルでもお酒でもスポーツでもなんでもいいのですが、相手にとってはとっても大切な大好きなものなんだってわかってあげると、「へぇ〜、いいね。それで?」って、言葉に愛があふれます。


わたしは、10年くらい前から一人さんに「りえちゃん、大衆演劇を観に行きなよ」と言われていました。

「大衆演劇には、義理、人情、笑い、愛、この世で大切なことがすべて描かれている。勧善懲悪で、悪い行いには必ず報いがあるってこともわかるよ」

と言われ続けていたのですが、観に行きませんでした。

わたしは、お芝居が大好きです。でも白状すると、「大衆演劇って、どこでやってるの? どんなものなの?」って思いを持っていたのです。

ある日、一人さんに、「CS放送で大衆演劇をやるから録画しておいて」と言われました。そして、次の日、一人さんを含む数人で鑑賞会をすることになったのです。

映像ではありましたが、わたしにとってはじめての大衆演劇体験でした。

そのときに出演していたのが、フリーの大衆演劇役者の恋川純弥《じゅんや》さんと、「桐龍座恋川劇団」座長・二代目恋川純《じゅん》さんという兄弟でした。

いざ、お芝居が始まると、2人の迫力ある殺陣《たて》、登場するだけで華やぐ存在感、指先にまで神経の行き届いた所作の美しさに圧倒され、舞踊ショーでは、たゆまぬ努力に支えられているであろう舞いの素晴らしさに心が揺さぶられっぱなしでした。

涙を流しながら観ているわたしに、一人さんが言いました。

「純弥さんは、天の舞。純さんは、竜神の舞。神様に選ばれた芸術家って、観る人にすごいパワーと感動を与えるだろ？　まさしくこの2人はパワースポットだ」

それからわたしは、この2人の魅力に惹かれ、いまでは行ける公演先にはいつも、みんなで観劇に行き、勉強しています。


人は、出会う必要がある人とはどうやっても出会うようになっているし、好きなものとも巡り合うようになっています。

だから、ある面では安心していて大丈夫なのですが、「わたしには必要がないから」と意地を張り過ぎたら、きっと遠回りをするようになります。

わたしにとっての恋川純弥さんや純さんとの出会いもそうで、一人さんの言葉を素直に聞けなかったら、きっとこの喜びを知るまでにまだまだ時間がかかったでしょう。

相手が楽しんでいることがあったら、いまのあなたの好みとは違っても、「そうなんだ、いいね」って、喜びに寄り添ってあげてください。

愛を持って興味を抱くと、いつかあなたの新しい「好きの扉」も開きます。

失敗したことより、
失敗を許せない自分のほうが
残念だよね。

ひとり

自分にダメ出しした回数分、
「自分を許します」と言うと、
あなたの中から
観音様が現れるんですよ。

りえ

わたしのところには、刑務所で服役していた方がいらっしゃることもあります。その人たちは、法律で裁かれて罪を償ったのに、いまもなお、「わたしはダメな人間です」って自分を責め続け、否定しています。

「どうして？　ダメな人なんて一人もいないんですよ。それに、あなたは、わたしの本を読んで、カウンセリングを受けようって思って来てくださったでしょう。それだけで、どれほど素晴らしいことか」

と言うのですが、罪を犯した自分の弱さを許せずに、「おまえはダメだ」と絶え間なく自分に話しかけて苦しんでいます。

「『自分はダメじゃない』って言うのがむずかしかったら、『りえ先生は、ダメじゃないって言っている』って自分の魂に話しかけてあげて。『りえ先生がダメじゃないって言う自分には、なにができるだろう？』って考えてみて」

失敗したことよりも、失敗を許せないことのほうが、ずっと問題です。

自分を許せないと、この世の中でもっとも苦しい修行をすることになるのです。

相手を許せないと思うときも、あなたの魂は苦しんでいます。

許します、許します、許します……。

何度も言ってみましょう。

相手ではありませんよ、「自分を許す」のです。


意地悪をされて落ち込む自分。

なにも言い返せない自分。

怒りをおなかに溜めている自分。

泣いている自分。

悔しい自分。

そのすべてにダメ出ししないで、「許します」と言っていると、自然と涙があふれてきます。許しの波動があなたの魂をなだめ、癒してくれるからです。

わたしが人を許せなくて、「あの人を許します」と何百回唱えてもうまくいかなかったとき。苦しむわたしを見て、一人さんが言いました。

「もう許さなくていいよ。その代わり、いやだと思っている自分を許してあげな。りえちゃんみたいなやさしい人が許せないっていうんだから、それくらい、いやなことを相手はしたんだよな」

涙が止まりませんでした。

そして、「許してあげなさい」と自分を説得するところから始めると、最初は、相手のことが心に思い浮かんでチクチクしたのですが、いくつもの段階を踏み、いまでは、さっぱりと許せるようになりました。


また、自分ではなく、大切な人が意地悪をされて、許せない感情がひときわ大きくなることもあります。

「配偶者（恋人）がパワハラにあった」「子どもが理不尽にいじめられた」と涙を流す人をたくさん見ました。

いじめをする人は、心の中に不安が渦巻いています。自分の下に誰かを置かないと、グラグラして立っていられないくらい自信がないのです。

だから、誰かに意地悪をして満たされたつもりになるけれど、自分を許せない感情は、澱《おり》みたいにずっと心に溜まっていきます。

意地悪をした人が、いくら「悪気はない」「無意識だった」と言っても、魂はちゃんと意地悪したことを知っています。だから、魂は自分を許せないのです。

意地悪をするあの人も、誰かにとっての大切な家族なんですよね。そのことに気づくと、「許します。その人たちのためにも早く学んでね」と思えることもあります。

わたしがそう言ったときに、

「いじめっ子の親は、学校で先生を交えて面談したときに謝りもしませんでした。やっぱり、あの子どもにしてあの親って感じです」

と怒った方もいましたが、人はどこかで必ず学ぶようになっています。

それは数年後かもしれないし、神様のところへ戻ったときなのかもしれません。そのときまで、知らん顔しているように見えても相手の魂は苦しんでいます。

あなたには、どうか自分を許してあげてほしいのです。

自分にダメ出しをしてきた回数分、「許します」と言うと、自分の中からほほ笑みひとつで許せない心を洗ってくれる美しい観音様が現れます。

観音様が心に現れると、人から「観音様みたいな人ですね」って言われるようになります。

そして、誰の心の中にも、この光り輝く観音様がいます（あなたが許せないと感じる「あの人」にもです）。

先日、ある人が、「もう2万回も言ったのに観音様が出てきません」と言いました。「観音様に会いたいがために唱えても、自分を本当に許すことにはなりませんし、『まだ出てこない』というダメ出しもしていますよね」

そう伝えると、

「あっ、そうか！　まったく、できていませんでした」

と、笑っていました。

「最初は人のせいにしてもいいの。いずれ、自分が自分をちゃんとわかって、上の段階に上がらないといけないときがくるんだから。そのときが、がんばりどきなのよ。そのタイミングは、人と違っていて絶対にいいんですよ」

とお話しさせてもらいました。

いまをよりよく生きるために、怒りも悲しみも神様に学ばせてもらっています。**だから、あなたが自分や誰かを絶対に許せないなんてことはありません。**

ごはんを食べなかったり、
身だしなみを整えなかったりするのは、自分に対するいじめだよ。

ひとり

自分に手間をかけてあげることで、
自分がいとしくなるんですね。

りえ

「ちゃんと、食事をとったか？」

取材や講演会や講座があるとき、一人さんは必ずわたしにこう聞きます。

「とりました」と言っても、「開始直前に、なにかひと口入れなさい」と言われます。

「わたしたちは、話を聞いてくれる人よりも大きなパワーを出さないと、伝えたいことも伝わらないよ。おなかが空くとパワーが出ないだろ」

一人さんは毎回、お母さんみたいに「ちゃんと食べたか？」と聞いてくれながら、「自分の大切な体にごはんを食べさせないのは、いじめだぞ～」って言います。

よく「忙しくて朝からなにも食べてない」「寝てない」って言う人がいますよね。「自分はこんなに大変」というアピールめいていて、言われた人は反応に困ります。

では、それでいい仕事ができるのかといったら、そうした人ほど仕事の進め方がよくなくて、周りにもイライラをぶつけていやがられています。

昔、大きな講演会をしたときのことです。

当日、スタッフが、さほどあわてなくてもいいことに駆けずり回っていて、ボランティアスタッフさんへの指示もままならないことがありました。

朝から食事をとらず、飲み物休憩もとっていないことを知っていたので、「控え室で、ごはん食べてきちゃえば？」

とすすめたのですが、「大丈夫です」と言って、変わらずバタバタしています。

わたしは、そのスタッフを呼び止めて、「もう、きょうは帰っていいですよ」と言いました。

350席がすべて埋まった講演会で、とてもいい仕事ができるような状態ではないと思ったからです。

あなたも大切な仕事の前にこそ、自分においしいごはんをしっかり食べさせて、「がんばってね！」って声をかける余裕を持ってくださいね。

「『自分が食べるものなんて、なんでもいい』って人は、自分を好きじゃないんだよな。だけど、好きになりなよ。隣の人が嫌い、会社の人が嫌いっていうなら、引っ越したり、転職したりもできるよ。**でも、自分からは絶対に引っ越せないんだよ。**

だから、好きになるしかないよ。好きなものくらい食べさせてあげなさい。明け方にさ、『おしっこしたいなー』って思ったとき、誰も代わってくれないよ。自分の体だけが頼りじゃないのかい？（笑）」

一人さんの言葉です。

一人さんは、「みだしなみ」も自分への愛情だと教えてくれました。

「わたしたちの体は、神様の分け御霊《みたま》を宿したお社。頭は、お宮の屋根なの。それなのに、髪の毛をぐちゃぐちゃにしていたら、屋根を汚くしているのと一緒だろ？　雰囲気が暗いなあって思ったら、髪の毛を染めるとか、ヘアスタイルを変えるとか、手入れしてあげようよ。

ある人にさ、あんまり髪が乱れているもんだから、『くしでとかしたら？』って言ったら、『いいのよ、うちはお金がないから』って言うんだよ。でも、お札でとかすわけじゃないだろうって（笑）。ヘアブラシくらいあるでしょうよ。**自分にかける手間を惜しむのは、自分をないがしろにしてるってことだからね。**

顔や服装も同じなんだよ。不潔にしていたらダメなの。自分を慈しんだみだしなみをしているかな？　っていつもそういう目で鏡を見るんだよ」

「忙しいのに、のんびりごはん食べてるって言われないかな」

「おしゃれして、ぜいたくしてる！　って思われるかも……」

と、人からなにか言われるのを怖がる人がいますが、誰かのせいにすることではありません。自分に素直になればいいんです。

大好きな自分、大切な自分を慈しんであげたいって、本音で思えれば、おいしいごはんや、丁寧に身なりを整えることが、自然と喜びになります。

そうすると、神様からのアイデアやひらめきも素直に受け取れるようになって、白い石を置くのがさらに上手になっていきます。

人は、「愛」を学ぶために、
豊かな「感情」を持っているんだよ。

ひとり

いま、どんな境遇にあっても、
すべては、愛の学びになっているから
大丈夫！

りえ

カウンセリングに通ってくださる方のお嬢さんが、若くして亡くなりました。

いまの医学では治らない難病にかかって、懸命な闘病をした末のことでした。

その人の悲しみようは、はたで見ているのもつらいものでした。

以前から余命を宣告されていたけれど、お母さんはどうしても受け入れられなかったのですね。

ある時期から、わが子に起きた苦難にまつわる恨みつらみを口にするようになって、「病院を訴えたい」と言うようになりました。

あるときのカウンセリングで、告訴の思いを吐露されたので、

「あなたをそんなお母さんにするために、この子は生まれてきたわけではないですよ」

と言いました。すると、

「どうして、わかってくださらないのですか」

その人は、押し殺すように泣きました。

いつか、わかってほしい――。お嬢さんは幸せな人生をまっとうしたのだと、お互いに愛を学んだのだと。これ以上、自分の魂を苦しめないでほしいと、祈る気持ちで

カウンセリングを終えました。

その夜、その方の夢にお嬢さんが出てきたそうです。

「お母さん、怒った顔になってるよ。怖いよ、やめて」

夢の中でそう言われて、こう思ったんだそうです。

「わたしがいましているのは、この子が生まれてきたことに文句を言っているのと同じ。『どうして死んだの？』って、この子を責めることになっちゃう。これは本当にいけないことなんだ！」

その方は、いままでは生前、お嬢さんはどんなことが好きで、どんなふうに明るく喜んだのか、どれほど輝くような笑顔を見せてくれたのか、いたずらっぽくふざけたのか、愛にあふれた話ばかりを聞かせてくれるようになりました。

人は、大切な人に先立たれても自分が先立っても、結婚してもしなくても、子どもを産んでも産まなくても、一生の中で必ず愛を学ぶようになっています。

そのために豊かな感情を持っているのです。

結婚や子どもができないことに悩んで相談にみえる方も多いのですが、お空の上で「今世は結婚しない」「子どもを持たない」と決めてくる人もいます。

結婚をしない人は、産み育ててくれた家族との愛を学んでいるのかもしれません。結婚している人は相手との愛なのかもしれないし、子どもがいる人は親子の愛を学ぶのでしょう。

たまに、「問題の多い夫だけど、別れるのは不安」と悩む女性がいます。「別れたら、経済的にも精神的にも、ひとりで生きていけないのではないか」と言うのですが、そんなことはありません。

「神様は、どちらか一方を幸せに、残り一方を不幸せにするようなことはなさいません。自分の心に素直になって」とお話しします。

みんなが違った学ぶ場所を持っているだけで、「結婚していないから」「子どもがいないから」「親がいないから」「お金がないから」「心を許せる友だちがいないから」〝だから、わたしは不幸〟なんてことは、ちっともないのです。

過度に高い目標を掲げるのはやめ、できそうなことを目指して生きていきましょう。

たとえば、若い会社員の人が「年収1千万欲しい」とどれだけ願っても、現実とかけ離れ過ぎていたら、「できっこない」「やっぱり無理なんだ」と、いつも自分に語りかけることになって、意思が邪魔をするようになります。

これを、「毎月、1万円ずつ貯金しよう」と、無理せず実現できる目標にすると、達成しやすくなり、「わあ、できた」「貯まってきた」と喜ぶ感情が味方をしてくれて、いい人やいい情報と出会えるようになります。

できなかったときだって、自分を責めることはありません。

「今月はダメだった」ではなく、「今月は普通だった」って思えばいいのです。

どんなことでも、自分に「ダメ」って言うのはやめましょう。

「親に『ダメ』って言われ続けてきた」と言う人がいるかもしれませんが、そのときの親はそれしかわからなかったのです。でも、あなたはよくないことだって知っているのですから、そういうことを言うのは、やめましょうね。

お子さんがいる人は、子どもの行動ではなく、人格を指して「ダメ」と言うのはやめて、もっと愛のある言葉をかけてあげましょう。

いま、あなたがどんな状況にあっても、すべては愛の学びになっています。

相手によって対応を変える人がいるけど、そのほうが大変。
誰にでも同じほうがラクだよな。

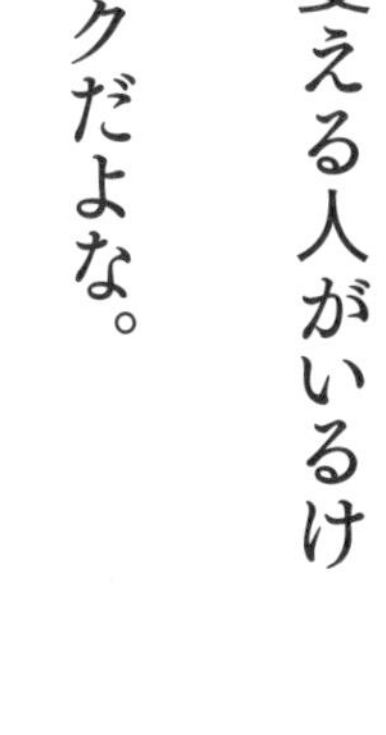

ひとり

誰にでも同じ対応をするのは、
神様にも喜ばれる生き方なんですよ。

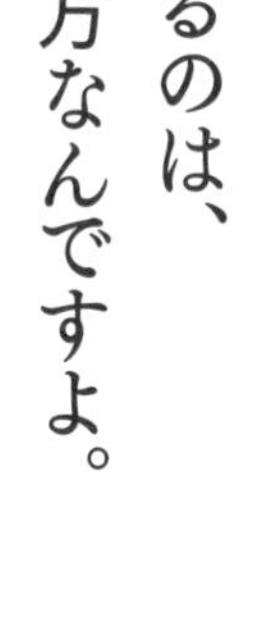

りえ

一人さんは、どこにいるときも、誰と会っているときも同じです。

高級ホテルのディナーでも、居酒屋さんやラーメン屋さんでも、「ありがとうね、おいしいよ」って同じように振る舞います。

相手が大きな会社の社長さんでも、商店街の店員さんでも、話しかけられると、同じ調子で返します。

わたしがまだずっと若いときに、

「一人さんって、どこにいても変わりませんね。わたしも見習います」

と言うと一人さんは、

「相手によって対応を変えるほうが疲れるよな」

と肩をすくめました。

たしかに上司にはいい顔をして、同僚にはつっけんどん、部下には威張って……と、人によって態度を変えるよりも、全員に同じようにきれいな振る舞いをしたほうが神様にも喜ばれるし、自分もラクです。

「誰といても、どこにいても、わたしたちは上機嫌でいる修行をしていこうよ。

人間は、おもしろいことがあるから笑うわけじゃないんだよ。おもしろいことを考えて、笑ってみるからおもしろくなるの。いつもおもしろいことを考えてるわたしの上機嫌は、ちょっとやそっとじゃ崩れないよ。

この修行は本当に楽しいよ。やっていると、時間がもったいなくて不機嫌でなんかいられなくなっちゃう。**普通にしていたら上機嫌な日なんて年に数回しかないけどさ、おもしろくいようって意思を持てば、毎日、上機嫌でいられるの**」


そうやって、おもしろそうに話す一人さんからは、

「妬みや嫉みを受けたときに、悪いことをやっている人が形勢不利になって引くのはわかるが、一生懸命やっているなら一歩も引くな」

とも教わりました。

これは、ケンカをしなさいってことではなく、堂々としていろということです。なにかを言われたら、「悲しいので、そういうことはやめてください」と言って、あと

は普通にしてればいいんです。

わたしは一人さんを見習って、誰に対しても同じように対応します。

感情を持ち込むと、「あの人は、前にわたしに意地悪したな」「この人は、陰で悪口を言う人だから」と対応を変えなくてはいけなくなるので、「それとこれは別」って、早くに切り替えてしまいます。

たとえ、スタッフと仕事上で言い合いをしても、それとこれは別だから、「ごはんを食べに行こう」って普通に誘います。


インスタグラムで知り合った現役ホストでビジネス書作家の信長さんの本をブログでご紹介したときのことです。

「わたしはホストクラブには行きませんが、歌舞伎町にはこういうホストの人がいるんだなと思いました。本当に素晴らしい本です」

と書きました。

それなのに、「りぇ先生、ホストクラブに行くんですね」と言った人が何人もいました。「行かない」って書いてるのに、その部分はスルーなのです。

一人さんに話したら、

「そういう人は、たとえこの本を紹介しなくても、『りえ先生って、ホストクラブに行ってるんじゃない？』って言うんだよ」

と言われました。そこで、「そういえば」と思ったのです。

わたしは気軽に、まるかんの社長や仕事関係の男性と食事に行くのですが、「つき合ってるんじゃない？」「彼氏がいるのにいいのかしら？」と、たまたま見かけた人からひそひそ話をされたことが何度もありました。

そういうときには、「あー、もう」って言いたくなるのですが、「『あー、もう』って思ったわたしを許します」と考えて、流します（笑）。

そして、いやなうわさ話をする人たちにこそ引け目は感じたくないから、ほかの人と同じように対応するのです。

神様は、あなたがどんな振る舞いをするのか、いつも見ていてくださいます。

人によって「差別」をしないで、「それとこれは別」と、自分の魂のために「区別」をつけていきましょう。

そうすれば、「どうして、あんなことをしてしまったのだろう」って、あとから後悔するようなことはなくなっていきます。

誰にでも同じ対応をするのは、神様からも「あなたのことを『よろしくね』って周りの人に頼んであげやすくなるよ」って、とっても喜ばれる生き方なんですね。

いろんな考え方を知って、その中から
自分の納得できる方法を
見つけられたらいいね。

ひとり

「かつてのわたし」「未来のわたし」と、
ほかの人を見ることができると、
現実も変わってきますね。

りえ

想像でうわさ話をする人、いやなことを言う人について書きましたが、世の中にはいろいろなレベル（段階）に生きる人が入り混じっているのだから、そういう人がいるのも「想定内」だと思うと、気がラクです。

わたしはよくない振る舞いをする人に出会うと、「この人は、いつかの自分だったのかもしれない」と思います。

その「いつか」は、忘れかけている思春期や、いまよりもっと未熟だった時代かもしれません。あるいは、前世なのかもしれません。

人は、自分がすでに学んだことに至らない人を見ると、「いやだな」という感情を抱きます。たとえば、電車やバスなど公共の乗り物で人を押しのけて乗り込むとか、年上の人にぞんざいな口をきくとか、人の悪口に飛びつくとか。

自分が通り過ぎた段階にいる人を見ると、いやな感情が込み上げるので、そこは、「かつて通り過ぎた場所」だとわかります。

でも、自分がその階級にいたときには気づかなかったし、それより下の階級にいたときは、その態度を「かっこいい」とすら感じたかもしれません。

学んで段階が上がると、「絶対に、あのときには戻りたくない。そのために成長してきたんだ」と気づけるようになります。

そのとき忘れてはいけないのが、「自分もかつてそこにいたときに、導いてくれた人がいた」ということです。だから、自分も導ける人になろうと考えるのも素敵です。


意地悪をする人は、あなたがそうした振る舞いをしないように教えてくれているのかもしれません。

こういうとき、「かつてのわたし」「未来のわたし」など、いろいろな立場で考えることができると、「いま」から早く抜け出すことができます。

たとえば、「過去にわたしも意地悪したことがあるんだ」と思って、いやな気分から5分抜け出せたとします。でも、それは5分しかもちません。

そこで、「ううん、やっぱり違う。未来の自分がやらないために、あの人は反面教師で登場してくれたんだ」と考えれば、もっと長い時間をよりよく過ごせるようになるかもしれません。

「意地悪をするあの人を反面教師にしよう」という考え方は、「意地悪をされるわたしに悪いところはない」と言っているのと同じことかもしれません。でも、「自分が人を信用できないのは、親にひどい育て方をされたせいだ」と思っている人に、「どんな親だって、感謝しないといけない」と言っても、よけい苦しめてしまうだけです。

白い石を置いてひっくり返そうと最初から思える人もいれば、「親のせいだ」と考えないと肩の荷が降ろせない人もいるのです。これは、どちらが上でどちらが下という話ではありません。だから、反面教師を持つ段階もあっていいのです。

どの考え方だったら、自分はいちばん納得できるだろう？　って考えてみてください。あなたが受け入れられることが、もっとも幸せな白い石の置き場所です。

その場所は、人によって違います。だから、わたしは一人ひとりに伝えられるカウンセリングをやめないのです。同じ悩みでも、10人いれば10段階あるからです。「過去を、いまの自分が苦しむ材料にしないように」と神様はおっしゃいます。

幸せになったときには、「自分がよりよくなるために、あの人に出会い、あの出来事があったんだな」と、きっと感謝できる自分になります。

「この考え方はよくないな。もっと上の段階で学びたい」と気づいたとき、いい人やいい本と出会うチャンスがやってきます。

たまたま行った「ツイてる神社」に一人さんがいたり、偶然、開いた本にピンとくる言葉が書いてあったり、毎日が神様からの贈り物であふれるようになります。

そのチャンスをちゃんとつかむためには、過去を受け入れて、「だから自分は幸せになるために、いま、ここにいて勉強しているんだ」と、きちんと気づくことです。

とくに、本を読む人は白い石をいっぱいもらうことができるんですよ。

いま、この本を読んでくれているあなたは、いままでの自分を許して、神様とのオセロを楽しむ人への一歩を確実に歩き出しています。

もっと、わたしを許します

りえ 

ついこの前も「どうしたら、人を許せますか」と聞かれたんですが、許しには「段階」がありますよね。

ひとり 

うーん。そうだね。許せない自分を許す、許せないと感じる人を許す……。許すって、到底、簡単にできることじゃないからね。

一生かけて、やってくことだから。

りえ 

一人さんが、昔、わたしに**「許せない自分を許して、心を縛っているものを緩めてあげなさい」**って言ってくれたでしょう。

あのとき、涙が止まらなくなりました。

ひとり 

縛りが緩まってくると、苦しみから解放されるんだよな。

天国言葉にも、「許します」があるけど、許すってことがなんでこんなにむずかしいのかっていうと、許さないほうがラクだからなんだよ。

りえ　それまでの考え方を変えて、心を切り替えなくていいですもんね。

ひとり　うん。同じことをしているほうが脳はラクなんだよな。心は苦しいけどね。
「許せない」って感情を持ち続けると、頭ん中でずーっと許せなかった出来事の再現フィルムが回り続けるの。すり切れてノイズが入ると、相手が言ってないことまで言ったように脚色されることもある（笑）。
相手はすっかり忘れちゃってるかもしれないのに、自分はいやな場面を上映して、思い出し続けている。いい加減、新しいフィルムを見たくないかい？（笑）。

りえ　怒りが薄れない、年々、許せない気持ちが強くなるっていう人もいます。きっと、ずっと脳内で再現フィルムを回し続けてるからでしょうね。

ひとり　本心では、許したくないんだよ。だから、「許さなくていい理由」を考え出すの。たとえば、「あなたの親や子どもが殺されても、許せるんですか？」とかね。そんなものすごく大きな話を持ち出してまで、ささいなことを許そうとしない。

りえ　その分、魂は苦しみますよね。本当は心を緩めてあげたいんだもの。いやな相手のこと、いやな出来事をずっと脳内でリピートするんじゃなくて、楽しいフィルムを繰り返し再現すればいいのになって。

ひとり　ほんとだな。いまの許せない気持ちが１００％だとしたら、１％でも軽減できたらすごいって思ったほうがいいよね。一気に１００％は無理でも、１％、また１％って減らせたら、すごくラクになる。

りえ　許せない人がいるときは、まず、自分を許す訓練をしたほうがいいと思うんです。「もっと、わたしを許します」って、一人さんが教えてくれた言葉を１日に何回でも言ってみるといいですね。

ひとり　そうだね。言うときは、「なにを許すんですか？」「この言葉を言うと、どんないいことがあるんですか？」とか考えなくていいの。

いつか必ず、ほわあっとラクになっちゃうときがくるから。

心の縛りが緩んだ瞬間って、幸せだなって思うから、すぐに気づくはず。

りえ

あと、いやな場面の上映会はいますぐやめること（笑）。好きなドラマや映画を観たり、一人さんの講演会ＣＤを聴いたりして大笑いしてください。

第5章

感情を整えて、神様に喜ばれた人の物語

本章では、これまでにカウンセリングや講座の中で受けたご相談の中から、６つのエピソードをご紹介します。

いずれも、あなたにお伝えしたら、自分の感情とつき合うヒントにしてもらえるかもしれないと、わたしが感じたお話です。

人生の中に起こるいろいろな問題に悩んで、ときに自分の感情に戸惑いながら、それでも白い石を置き続けたいと思っているがんばりやさんたちが登場します。

読んでくださるあなたに、ひとつでも白い石を手渡せたらうれしいなあと思います。

Q 「本当にやさしい友人」とは、どんな人のことですか？

誰かの悪口を聞かされても、
それに感化されないで
楽しいことを発信し続ける人かな。

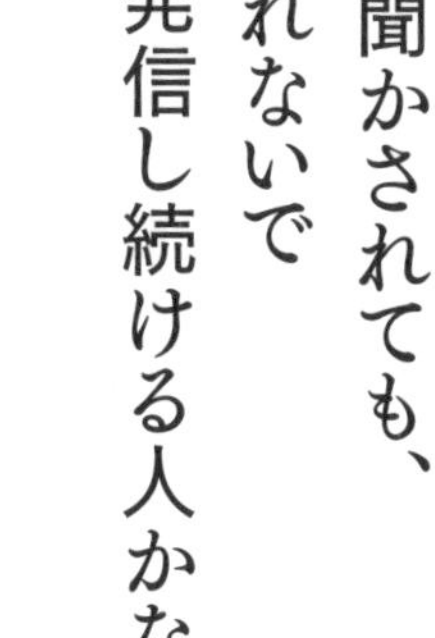

ひとり

間違った道を行こうとしていたら、
分かれ道まで追いかけて助言して
あげる人も、やさしい人ですよね。

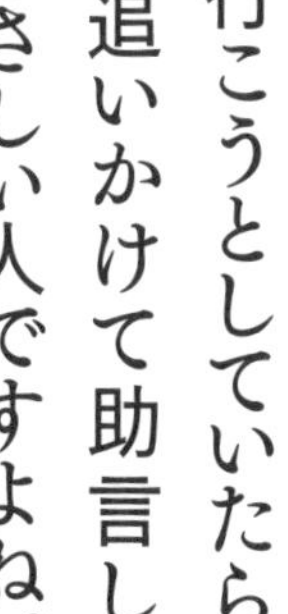

りえ

30代のC子さんは、カウンセリングルームに入ってくると、小さなため息をひとつつきました。そして、「今朝も会ってきたんですけど……」と、毎朝、一緒にウォーキングをしているお友だちについて話し出しました。

「小学校から高校まで、ずっと同じ学校に通っていた近所に住む幼なじみの友人です。子ども同士も同級生なので、なにかとつき合いが続いています。

でも、彼女が話すことといえば、共通の友人の悪口、学校の先生やＰＴＡの文句、ご主人や義理のご両親の愚痴ばっかりなんです。

わたしは、ただ相づちを打っているだけなのですが、彼女の話す地獄言葉を聞いているだけで、朝からものすごく疲れます。だから、『ちょっと離れてみようかな』って別の友人に言ったら、『冷たくない？』と言われてしまいました。

これも勉強だと思って、一緒にいるべきなんでしょうか？」

せっかく気持ちのいい朝の時間帯にお散歩しているのに、もったいない話です。

ご近所の友人がいる「愚痴や地獄言葉を話す段階」は、C子さんが通り過ぎた場所だから、「いやだな」と思うわけです。未熟な段階に戻っても、学びにはなりません。

また、「うんうん」と聞いていると、相手は同意してもらっていると感じて、「もっと、この話をしていいんだ!」って、勘違いをしてしまいます。

C子さんは、「せっかくの朝だから、もっと違う話をしない?」と言って、相手に白い石の置き方を教えてあげる、学びのときに来ているのかもしれません。


C子さんたちのウォーキングは、河原の土手を歩くコースだそうです。せっかく自然の中を歩くのですから、もっと美しい景色や心地よい風を楽しめるといいですよね。

神様のエネルギーにあふれた自然に触れているのに、毎朝、疲れてしまうのは、相手の地獄言葉で汚《けが》れているからです。汚れるとは「気が枯れる」という意味です。

気が枯れると、人は「疲れた」という言葉が出るようになって、さらにおかしなものに「憑《つ》かれる」ようになります。

楽しいもの、好きなものに触れて自分の気を満たしてあげてほしいのですが、汚れから離れるのも大切なことです。

C子さんは「冷たい」とお友だちから言われたそうですが、離れてあげないほうがもっと冷たいのです。

友人にとってC子さんが大切な人だったら、離れられたときにこたえます。

「そういえば、楽しい話をしようって言われたのに、わたしにそれができなかったから、離れていってしまったのね……」と、いつかは気づけることでしょう。

天道と地獄道の分かれ道までは追いかけてあげて、「そっちに行かないほうがいいよ」と言ってあげられるのが、本当にやさしい友人です。

それでも本人が地獄道に突き進んでしまうなら、離れてあげるのが愛情です。

この離れ方にも段階があります。

「そういえば、おもしろいことがあってね」と、明るく気をそらしてみる第1段階。

「いい本があるから読んでみない?」と、いいものをすすめてみる第2段階。

まったく変化がなかったら、いよいよ物理的にも心情的にも離れる第3段階です。

自分のできる段階からでかまいません。

C子さんが離れたあとで友人が気づいて地獄言葉をやめたら、またおつき合いできることもあります。

C子さんに説明すると、「わかりました、まずはわたしが楽しい話をできるようにしてみます」とうなずきました。そして、

「そういえば、小学生のときのことです。別の子なんですが、友だちの悪口ばかり言う女の子がいました。成長していなくてお恥ずかしいのですが、わたしは『やだな〜』って思いながら、やっぱりその子とよく一緒にいたんです。

あるとき、とても明るい女の子が転校してきて、3人でよく遊ぶようになりました。そうしたら、『Cちゃんって、人の文句ばっかり言うよね』って、悪口が大好きだった子が言い出したので、のけぞるくらいびっくりしました（笑）」

人は、明るくて、より大きなパワーに感化されるものです。

その子は、黒い石を拾うのをやめたときに、自分が出し続けた地獄のエネルギーの

出どころを人に転嫁してしまったのですね。

C子さんにはお気の毒でしたが、こういうケースは大人にも起こり得ます。

「幼なじみのご友人のことは、小学校のときに片づけていなかった宿題なんだなと思って、向き合ってみてね」とお話ししました。


一人さんは、以前、同じような友人関係で悩んでいた人に、

「『あなたみたいな人が、どうしたの？　悪口を言うなんてめずらしいね』って言ってあげてごらん。でも、最高なのは、あなたが友だちの悪口を言わないことだよ。感化されないで、自分から楽しいことを発信しよう」

とアドバイスしていました。

そんな一人さんが出してくれたお友だちに関するクイズをご紹介しましょう。

あなたは学校で給食を食べているときに、ミルクをひっくり返してしまいました。

同じ班の1人目は、黙ってミルクを拭いてくれました。

2人目は、「わー、○○さんがミルクをこぼしたあ！」ってはやしたてました。

3人目は、先生に叱られたとき、「先生、怒らないでください。○○さんだって、わざとこぼしたわけじゃありません」とかばってくれました。

さて、あなたはどの人とお友だちになりますか？


正解は1人目の「こぼれたミルクを黙って拭いてくれた人」です。でも、人は、3人目の「かばってくれた人」を友だちだと思いがちです。

本当はかばいながら拭いてくれたらいちばんいいのですが、人に2つも3つも求めるのはむずかしいことです。

それから、2人目のはやしたてた人も、ダメだとは言えません。その人は現状を言ったまでであって、そのときは、それしかできなかったのですよね。

かばってくれた人は、C子さんのお話の登場人物で言うなら、「冷たくない？」と言ったお友だちです。幼なじみの友人がそのいきさつを知ったら、かばってくれた人に依存してしまうかもしれません。

たとえば、自分がお店を開くとします。かばってくれた人は、「開業したって、うまくいかないいんじゃない？」と口ばかり出して、手は貸してくれません。

黙ってミルクを拭いてくれるタイプの人は、お店に遊びにきて、「テーブルが汚れているから拭いてあげよう」って、自然と片づけてくれます。

友だちを探すときは、「この人はミルクを拭いてくれる人かな？」って、黙って手を貸してくれるやさしさを持っている人を見つけるのがいちばんです。

そして、自分は、「安心する言葉をかけてあげながらミルクを拭ける人」を目指しましょう。

Q 結婚や恋愛は、どんなことに気をつけたらうまくいきますか？

男女の性質の違いを理解して、「相手を変えようとしないこと」がいちばん大切だね。

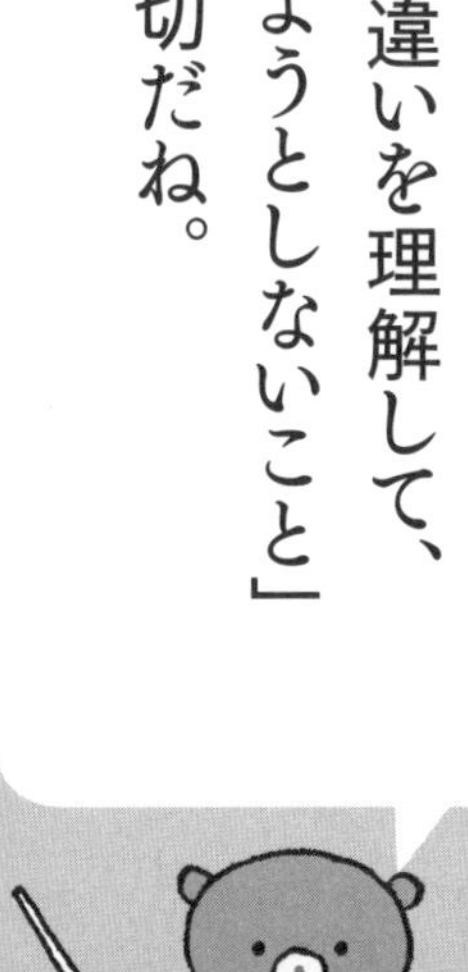

ひとり

相手を、「人の目」でなく、「神様の目」で見るようにするといいですよ。

りえ

20代のD夫さんは、一人さんとわたしの本の熱心な読者です。

近々、つき合っている女性と結婚を控えているとうれしそうに話してくれたのですが、悩みもあるようです。

「一人さんの本を読んで、結婚は、『性質が違う男女が一緒になったことを理解して、相手を変えようとしない最大の修行』だと教えていただきました。

じつはいま、式や新居のことですでに彼女と意見の違いが出てきていて……。うまくいくコツはなんでしょうか？」

男性と女性は性質や感性が違うので、結婚式や家に対する思い入れや理想が異なるのも当然のことです。

D夫さんも、それはちゃんとわかったうえで、「どう気をつけたらいいですか」と、より具体的なことをお聞きになりたいようでした。

わたしは結婚していませんが、長年、おつき合いをしている彼がいます。**わたしが、彼と一緒にいる中で学んだのは、「神様の目」で相手を見るということです。**

「神様の目」ってなに？　って思いますよね。

恋愛の初期は、相手のいいところばかりが目につきます。

恋人が自分で気づいていないようなささやかな美点を見つけることができるし、本人がコンプレックスに感じているようなところだって、すごく素敵に映ります。

これが「神様の目」の成せる業《わざ》です。

神様って、わたしたちがどんなに悪いことを考えても、失敗をしても、絶対に見捨てません。いつでも、「あなたは素晴らしいよ」って信じてくださるんです。

みんな、最初は相手を、この「神様の目」で見ているんですね。

それなのに、おつき合いが長くなってくると、どんどん「神様の目」から「人の目」に変化していきます。

そうすると、「結婚式に非協力的だ！」とか、「夢見がちな細かい注文が多過ぎる！」とか、相手への不満が次々と溜まっていきます。

でも、つねに「神様の目」で相手のいいところを見ようとしていると、2人の仲はずっとうまくいきます。


昔、わたしが彼と大ゲンカをしたときのお話です。あまりにも彼がわがままを言うので、わたしが頭にきてしまいました。

その夜、わたしは神様にお願いをしました。

「あんなにわがままを言う彼はいやです。どうにかしてください」

神様は、ただ笑っていらっしゃいました。

そのまま眠りについていて、目が覚めた翌朝、神様から答えをいただきました。

「あ、わたしは、わがままな人が結構、好きだったわ」

って、とっても自然に思い出したのです。

わがままばかりを言う人は困りますが、たまにかわいくわがままを言う男の人は、チャーミングだなあって、言うことを聞いてあげたくなるんです。

わたしの彼は、まさにそういう人なのに、きのうに限って受け入れられなかったのは、ほかのことでイライラしていて、彼のいつものわがままを聞いてあげる余裕が自分になかったからでした。

それでケンカになったことに気づいたわたしのほうから、「ごめんね」を言って、仲直りしました。

D夫さんには、

「まったくケンカをしない夫婦やおつき合いがいいとは限りません。**ケンカをしても、ちゃんと『ごめんね』が言えて、そのあとで同じケンカをしない学びができているかを、神様は見ていてくださっています。**『神様の日』で相手を見ることを忘れないで、幸せになってくださいね」

って、お伝えしました。

相手のいやなところが目についたり、「お休みの日はゴロゴロしているか、ゴルフばっかり」「掃除が行き届いていないし、料理も手抜き」と文句を言ったりしたくなるときは、意地悪な「人の目」で、「目の前の相手」しか見ていません。

「神様の目」で見ると、もっと高いところから自分と相手を俯瞰することもできるのです。**そうすると、「目の前の相手」以外の周辺のこともちゃんと見えてきます。**

「毎日、忙しくて疲れているんだな」「わたしは仕事のことでイライラして、相手に当たってしまったんだ」とか、お互いを取り巻く世界まで見えると、「愛が足りなかった」と気づくことができます。

あなたも「神様の目」で大切な人を見つめ、ずっと仲よく過ごしてくださいね。

Q 素晴らしい男性と出会えないのは、どうしてでしょうか？

本当は強いのに、弱いふりをして
自分を抑え込むと、
神様にかわいがられないよ。

ひとり

自分を卑下して大切にしない人は、
それに見合った人と巡り会うよう
になってるんです。

りえ

一人さんのお弟子さんの講演会後、大人数で会食をしたときのことです。

たまたま、席の近くにいたE子さんが、雑談をしている中で言いました。

「わたしは、男性とのいいご縁がありません。つき合う人たちは、最初はみんなとても親切でやさしいのに、例外なく暴力を振るうようになります。

悪い人じゃないのに、別れた夫もそうでした。どうしたら、もっといい男性と巡り会えるのでしょう……」


E子さんが沈んだ顔でわたしを見たので、こう言いました。

「まず、あなたに暴力を振るった過去の男性たちを、『いい人なんだけど』って思うのをやめましょう」

暴力、浪費、飲酒、ギャンブル、ウソつき、浮気グセ……、相手に度を超えた問題があっても、「普段はいい人なのに」って自分に言い聞かせる人がいますが、いい人は、そんないやなことをしたり、言ったりはしません。

「わたしにどこか悪いところがあるんだわ」

そんなふうに卑屈に考えると、そのいじけた心に合った人がまたやってきます。

自分を大切にしない人は、誰かに愛を与えることもできません。愛を与えられない自分に釣り合った人と巡り会い続けてしまうのです。

「E子さんに責任があるとすれば、『暴力を振るうなんて、いやなやつだ』って思えないところと、いやな人を見抜けなかったところね。

最初に自分にやさしくしてあげてね」

わたしたちが話していると、一人さんがひょいっと近づいてきました。

「E子さん、男女は進化の始まりが違うのを知ってる？

男はチンパンジーだけど、女性はゴリラから進化したんだよ（笑）」

一人さんはそう言うと、おもしろそうに話し出しました。

「あのねえ、あなたは本当はゴリラ並みに強い人なの。それをわざと抑え込んで弱いふりをしているから、げんこつの雨が降ってくるんだよ。

自分を抑え込むことに強さを使うんじゃなくて、『暴力を振るったら別れるよ、男はあんただけじゃないんだからね！』って言うほうに使いな。

弱いふりをする人を、神様も守護霊様もかわいがらないんだよ。

宝くじや競馬だって3回続けて当たらないのに、ヘンテコな男を3回以上も引き当てるんだから、それはあなたがそうさせてるってことだよな。

『わたしは被害者なの』って泣いているのを見ると、男はイライラしちゃうんだよ。

暴力的な男とばかり出会うのは、『あなたは強いんだから、弱いふりをするのはやめなさい』っていう神様からのお知らせだよ」

「本当はゴリラ並みに強い」と言われたE子さんは、あんぐりと口を開けたあと、あははははは、と、ものすごくおかしそうに笑いました。

「あー、おかしい。わたしは一人さんの言う通り、自分は被害者が似合うと思っていましたし、りえ先生が言ったみたいに、『やさしかったあの人たちが変わったのは、自分のせい』って考えていました。

みんな、最初は猫をかぶっていただけなんですよね……。見抜けなかった自分のせい。自分をないがしろにするのは、もうやめたいです」

E子さんは泣き笑いで言うと、そっと目尻の涙を拭いました。

この話を聞いていた隣席の男性が、「世の中には、強い女性か、ものすご一く強い女性の2種類しかいないんだよ」と言ったので、みんながドッと笑いました。

自分にやさしくなれたら、人にも同じことをしてあげられるようになります。

そのとき、E子さんにぴったりの素敵な人が必ず現れるでしょう。

相手にものすごくいやなことをされたときに、無理やり「本当はいい人」と思い込むのをやめないと、恨みやいやな思いが充満して、いつか爆発してしまいます。

これは男女関係に限らず、どんな相手との間にも言えることです。

いやな思いを抱えた自己嫌悪でますます自分にやさしくできない悪循環に陥ってしまう前に、「そんな扱いをされるなんて冗談じゃない！」ってちゃんと怒って、あなたがあなたを大切に扱ってあげてください。

Q お金持ちが信用できません。この偏見はどうすれば消えますか？

物事を「上」「下」で
見るのでなく、
貫いて見る「中」の
見方を覚えるといいよ。

ひとり

お金の有無と、
いい人・悪い人は無関係ですよね。
「中」の見方を覚えれば、
平等に見ることができますよ。

りえ

「『お金持ちは悪い人だ』というイメージが拭えません。

一人さんのことを知って少しずつ変わってきてはいますが、それでも『仕事は好きだけれど、お給料はそんなにいらない』と思ってしまいます。

どうしたら、もっと気持ちよくお金を受け取れるようになれますか？」


カウンセリングでそうおっしゃったFさんは、働き盛りの30代の男性です。

お金をもらうことに罪悪感があると言って、相談にみえました。

一人さんは、**「これからは清貧ではなく、『清富《せいふ》（清らかなお金持ち）』の時代だ」**と言っていますが、「お金持ちはみんなずるい、人格者なんかいるわけがない」と思っている人は一定数います。

きっと、子どものときからずっと、テレビ、マンガ、絵本、親や先生など、周りの大人たちから、「悪いお金持ち」のイメージを刷り込まれてきたのでしょう。


その前日、偶然わたしは一人さんと食事中に、

「なぜ、お金に偏見を持つ人がいるのか？」

をテーマに話していました。一人さんの見解はこうです。

「それはね、お金に対する偏見じゃないんだよ。人間に対する偏見。

だからわたしは、そういう人は、お金持ちに対してだけじゃなくて、いろんなことに偏見があるんじゃないかなって思ってるの。職業にも学歴にも容姿にもさ。

いいかい？ 『下』って漢字の下の部分は『人』って字なの。人の上に棒がふたをしてるから、下の人間から上の人間は見えない。

『上』って字は、人の下に棒があるから、上の人間から下の人間は見えない。

『中』って字は、上から下まで貫いている。上下の世界がわかる人って意味なんだよ。

お金持ちで、「貧乏人が怖い」って言う人がいるの。お金がないから犯罪に走るだろうってね。だけど、貧乏人がみんな泥棒なわけでも、強盗なわけでもないよな？

だから、そう思うのは偏見なんだ。間違いだよ。

そりゃさ、なかには悪いことしてお金を稼ぐ連中もいるよ。だけど、ほとんどの人はそうじゃないんだよ」

「貧しくてもいい人はいるし、お金持ちにだって、もちろんいい人はいますよね。お金のあるなしとは関係ありませんね」

とわたしが言うと、一人さんはうなずいて、

『中』の文字のように、貫いて物事を見ないとダメだよね」

こう言いながら、食後のお茶を啜りました。

「きのう一人さんからこの話を聞いてきたのは、Fさんに伝えるためだったのかもしれないわ」とFさんに伝えると、Fさんは感激した面持ちながら、神妙におっしゃいました。

「たしかに僕はいろいろな偏見を持っているかもしれません……。

人の最終学歴や出身地が気になって、いつもどこかで比較をしていました。心の中に、友人知人の上下ランキングを無意識につくっていたというか……。

お金持ちへの偏見より、そのことのほうが、ずっと恥ずかしいですね」

「大丈夫よ、もう気づいたんだから」

と、わたしは明るく言いました。

「仕事をしていただくお金って、『拍手』なんです。

神様と、あなたの仕事で喜んでくださった相手からの拍手。だから、自信を持って、喜びいっぱいで受け取ってくださいね」

にっこりうなずいたFさんは、お金を稼ぐことに喜びを抱けるようになっていくに違いありません。

お金があってもなくても、みんな喜びや悲しみやおかしみを抱えて生きている、神様の子どもたちです。

そこには、本当に不公平はなくて、生きている段階によって、ちゃんと平等の喜怒哀楽があることに気づけると、「中」の見方ができる人になっていけます。

Q 絶縁したままだった親が他界。毎日が苦しくてたまりません。

どんなに親孝行しても、親にしてもらった以上のことはできないのは当然のことなんだよ。

ひとり

その通り！命をつないでくれた親に感謝して、自分を大切に、幸せに生きることが、親孝行になります。

りえ

スピリチュアル・カウンセラー養成講座での話です。

親子の関係についてみんなで意見交換をしていると、40代の女性がしくしくと泣き出しました。

「どうしたの？」と聞くと、

「わたしは母親と絶縁したのですが、先日、親戚から母が他界したと知らされました。10年以上前に母から縁を切ると言われて以来、電話もメールもしていません。母が死んだことを知ってから、毎日が砂をかむような思いです。うれしいことや楽しいことを感じる部分がマヒしてしまったみたい……。もう永遠に許されることはありません。母は、まだわたしを怒っていますよね」

その人は、振り絞るように言いました。

彼女は絶縁に至るまでの経緯を話しませんでしたし、わたしも大勢の前で詳細を聞く必要はないと思いましたが、周囲の反対を押し切っての結婚と離婚、たび重なる借金問題で、お母さんにとても苦労をかけたことが伝わってきました。

わたしは亡くなった人たちとお話することがありますが、お空の上に帰ったあとも、ずっと誰かの文句を言ったり、怒っていたりする人をこれまで見たことがありません。誰かを心配して、お小言を言うようなことはあるのですが、それも愛情ゆえです。ましてや、「子どものことが許せない」なんて怒る親は1人もいないのです。亡くなったあとは、みんなそうした今世での思いを手放して、ただただ大切な人を上から見守っています。

「あなたがいちばん学ばないといけないのは、『縁を切られるようなことをしたら、自分がこんなに苦しいんだ』ってことだったんだね」

そう言うと、周りの人もしいんとして、わたしたちの会話に聞き入っています。

「きっと、お母さんもお空の上で、たくさんそのことを考えたはずよ。そしてね、お母さんはもうあなたのことを許してます。

『生まれてきてくれてありがとう』って、あなたを守ってくれてますよ。

そう素直に受け取って、**あなたがいまから幸せに生きることが、親孝行になります。**

誰よりもあなたのことが大好きで、褒めてあげたかったたって、お母さんは思っているはずよ。

それがどうしても言えなくなって、お母さんは、あなたとの縁を切ることで自分もなにかを学ぼうとしたんだと思うの。それを許してあげて。

縁を切ることしかできなかったお母さん、縁を切らせるようなことをしたあなた。

お母さんと自分を許して、『お母さんは亡くなってから、縁を修復するために自分を導いてくれている』って信じて、幸せに生きてください」

そこまで話すと、その女性だけではなく、何人もの人がすすり泣いていました。

みんな、親子の間にはいろいろな感情を抱えて生きています。

結びつきや愛情が強い分、反発や感情の行き違いもたくさん起こります。

「親だからわかってくれる」「自分の子どもだからいいだろう」と甘えきってしまう

のではなく、「大好きだ」って、言葉と態度で示していきましょう。

「親孝行したいときに親はなし」という言葉がありますよね。

「親が生きてるうちはありがたみに気づけなくて、その苦労に気づいたときには、親は亡くなっているもの。親が生きているうちに孝行をしないと、必ず後悔することになる」と、戒める言葉として使われます。

でも、この言葉の本当の意味は、

「どれほど親孝行をしようとしても、親にしてもらったことにはかないっこない。返しきれないうちに、親があの世に行ってしまうのは当然のことだ」

というものだと思うのです。

だからこそ、親がお空に帰ったあとには、命をつないでくれたことに「ありがとう」と感謝をしながら、一日一日を慈しんで、親が愛してくれた自分を大切にして生きていきましょう。

それがわたしたちにできる、唯一で最大の親孝行です。

Q 夫婦仲はよいのですが、子どもがいないことがつらいです。

世の中には、自分の思い通りに
ならないことがあるんだよ。

ひとり

お空の上で「子どもは持たない」と
決めて来たのかもしれませんね。
思い通りにならないことを機嫌よく
やり過ごすことは、幸せな学びです。

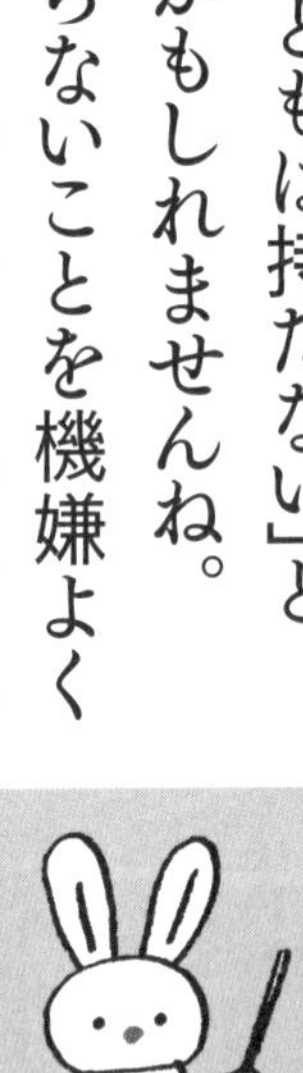

りえ

40代前半のG子さんは、結婚したあとも正社員で働き続けて、見た目も若々しくおしゃれな女性です。その彼女が、「満たされない」という思いを打ち明けにみえました。

「結婚して10年になります。夫は家事に協力的で、休日は2人で出かけます。夫婦仲はいいと思います。だけど、子どもができないことがつらいのです。

子育て中心の友人たちとはだんだん疎遠になっていきました。義理の両親は夫の兄家族と同居していますが、先日、義姉が妊娠したことがわかりました。

わたしのほうが結婚は早かったのにという思いが、どうしても消えません。苦しいです。連絡があって以来、義理の実家にも行きづらいです」

同性から見てもとても魅力的なG子さんが、さまざまな感情に押しつぶされていることが伝わってきました。

忘れないでほしいのは、神様は絶対に、G子さんが不幸な人生を歩むことをお許し

にはならないということです。

生まれる前のお空の上で、「わたしは、今世で子どもを持たない悲しい人生を送ります」という計画表を出したとしたら、神様はけっして許可なさいません。

「子どもは持ちませんが、夫と思いきり幸せな人生を送ります」

と書いたからこそ、神様が「たくさんの幸せを見つけてきてくださいね」って、この世に送り出してくださったのです。

わたしは、「今世で結婚はせず、子どもも持ちません」と決めて生まれてきました。

その分、たくさんの人の人生と関わって、大勢の人をラクにしてあげたいです、と神様にお伝えしました。

今世では、それがわたしにとって幸せな学びになると、自分で思ったからです。

だから、G子さんも今世は「結婚した人と、長く2人で幸せを見つける学びをする」と設定してきたのだと思います。

そうお話しすると、「時代も関係していますか?」と聞かれました。

「いまは結婚しない人や、結婚しても子どもを持たない人が増えている気がするんです」と言うのです。

「それはね、神様がちょうどいいバランスをとってくださっているんだと思うわ。結婚して、たくさん子どもを産む人が多かった時代もありましたよね。

それは、そのときにちょうどいい調和を神様が考えてくださっていたのではないかしら。

ただね、どんなバランスのときでも、調和が悪い、不幸だ、ってなることは絶対にないの」

そこで、わたしはかつて聞いた一人さんの言葉をG子さんに伝えました。

「人の最大のお役目は、思い通りにならないことがあっても、どうやって機嫌よく生きるかなの。

この世には、思い通りにならないことって、いっくらでもあるんだよ。

結婚してない、子どもがいない、病気だ、貧乏だ……。きりがないよ。その人にとっては、そのことが問題で機嫌が悪くなってるんだよね。

でもさ、それでわたしは機嫌が悪いんだって言いふらしたら、聞いた人にも不機嫌が連鎖しちゃう。口に出さなければいいでしょって言っても、目や態度には出るんだね。バレちゃうんだよ。それをどうやって自分のところで止めるか。それがお役目なんだよね」

神様とのオセロにつながる話ですよね。

G子さんは、前世でお子さんを持った学びをたくさんしたから、今世は違う学びを選択したのかもしれません。今世でお子さんを持ったら体調が悪くなるとか、なにか問題が起こるから、子どもを持たないようになっているのかもしれません。

「嘆かないで、『もしかしたら、わたしは赤ちゃんを産まないかもしれないけれど、楽しい人生をちゃんと選んできたんだ』って自分を信じて受け入れてあげてください。

あとね、喜んでいる友人や義理のお姉さんに、『よかったね』って言ってあげられると、次は自分にうれしいことが巡ってくるの。『自分は授かっていないのに』って妬むのをやめないと、いまの自分には価値がないって言うのと同じことになりますよ」

G子さんは、声を上げて泣きました。

お空での計画表通り、たくさんの幸せを見つけて、思い通りにならないことを機嫌よくやりすごすお役目を立派に果たしていくG子さんを、これからも見守っていきたいなと思いました。

おわりに

この本を最後までお読みいただいて、どうもありがとうございました。

本書は、「人生に起きるどんな出来事も、よきことにつながっている」ことを、「『自分の感情』をテーマにお伝えしたい」という思いからスタートしました。

自分の感情は、自分がいちばんわかっているつもりでいて、じつはその扱い方がわからないものなのかもしれません。

自分の感情に素直にならないと、とたんに迷路みたいに複雑な場所に立っている心持ちになってしまいます。

もしも心細くなることがあったら、思い出してくださいね。

雨の日も、晴れの日も、曇りの日も、早朝も、お昼も、真夜中も、あなたの前には、果てしない神様とのオセロ盤が広がっています。

打つ手に迷うときがあっても大丈夫。

あなたがオセロ盤の前に座ることを放り投げなければ、いつか必ず、石を置ける場所が見つかります。

そして、何度、石を置き直したとしても、神様はけっしてお怒りになりません。

「わたしは、白い石を持っているんだった」と思い出せれば、「心コロコロの魔法」がグングンと上達していきます。

あなたが自分の感情と素直に向き合えるたびに、神様は目を細めてごらんになることでしょう。


「機嫌の悪い人に合わせちゃいけないの。だって、ベクトルが『悪』なんだから。

そういう人の機嫌をとる必要もないいんだよ。いつも自分の機嫌をとろう。

涼やかにご機嫌でいるのは、この世で最高のボランティアだよ」

本当に、一人さんの言う通りだなあと思うんです。

黒い石（ネガティブなものの見方）を拾わないあなたは、周りの人の心までやさしく温めて、ほっとさせてあげられます。

神様とのオセロを楽しんで、喜びやうれしい気持ちを選ぶあなたでいてください。そうすれば、喜びやうれしい気持ちに選ばれる人になっていきます。


あなたは、神様から祝福をもってこの世にご招待されました。

神様がお招きくださったのですから、「困ったことは起こらない」って、安心していてくださいね。

わたしも、「高津りえ」という今世の招待券を大切にしながら、目いっぱい楽しもうと心に決めています。

これからも、この世という遊園地で、幸せになる意思を大切にしながら、ご機嫌よく暮らしていきましょう。

高津りえ

著者プロフィール

斎藤 一人（さいとう ひとり）

実業家。「銀座まるかん」（日本漢方研究所）創業者。1993年以来、12年連続で全国高額納税者番付（総合）10位以内にただ1人ランクインし、2003年には累計納税額で日本一になる。土地売却や株式公開などによる高額納税者が多い中、納税額がすべて事業所得によるものという異色の存在として注目される。著書に『百発百中の引き寄せの法則』（柴村恵美子共著）、『斎藤一人　品をあげる人がやっていること』（高津りえ共著）、『お金の真理』（以上サンマーク出版）、『神様に喜ばれる人とお金のレッスン』（高津りえ共著）、『斎藤一人 大開運　人生を楽しむ仕組み』（千葉純一共著／以上学研）、『変な人が書いた人生の哲学』『絶対、よくなる！』（以上PHP研究所）など多数。

●さいとうひとり公式ブログ
http://saitou-hitori.jugem.jp/

高津 りえ（たかつ りえ）

スピリチュアル・カウンセラー。福島県生まれ。幼少期より不思議な体験を繰り返す。24歳のとき、斎藤一人さんの会社の特約店の仕事を始め、以来、一人さんを師と仰ぐ。2004年より、スピリチュアル・カウンセラーとしての活動を本格的にスタートし、多くの人を励まし続けている。著書に『斎藤一人　品をあげる人がやっていること』（斎藤一人共著／サンマーク出版）、『神様に喜ばれる人とお金のレッスン』（斎藤一人共著／学研）、『斎藤一人　マンガでわかる神様に愛されるすごい話』（KADOKAWA）など多数。

斎藤一人生成発展塾高津りえ校塾長。

御心《みこころ》カウンセラー養成・高津りえ公認スピリチュアル・カウンセラー養成校代表。

●ホームページ
PC　http://www.hikari-rie.com/
携帯　http://www.hikari-rie.com/k/
高津りえブログ　http://blog.rie-hikari.com/

●たかつりえカウンセリングルーム
電話03-3651-7193
〒132-0031　東京都江戸川区松島3-13-11

斎藤一人さんの公式ブログ

http://saitou-hitori.jugem.jp/

ひとりさんが毎日あなたのために、ツイてる言葉を
日替わりで載せてくれています。
ぜひ遊びにきてください。

ひとりさんのおすすめブログ

● 高津りえさんのブログ	http://blog.rie-hikari.com/
● 柴村恵美子さんのブログ	http://ameblo.jp/tuiteru-emiko/
● 舛岡はなゑさんのブログ	http://ameblo.jp/tsuki-4978/
● みっちゃん先生のブログ	http://mitchansensei.jugem.jp
● 宮本真由美さんのブログ	http://ameblo.jp/mm4900/
● 千葉純一さんのブログ	http://ameblo.jp/chiba4900/
● 遠藤忠夫さんのブログ	http://ameblo.jp/ukon-azuki/
● 宇野信行さんのブログ	http://ameblo.jp/nobuyuki4499/
● おがちゃんのブログ	http://ameblo.jp/mukarayu-ogata/

49《よく》なる参りのすすめ

49《よく》なる参りとは、
指定した４か所を９回お参りすることです。

※お参りできる時間は朝 10 時から夕方 5 時まで。

1 か所目　ひとりさんファンクラブ　五社参り

2 か所目　たかつりえカウンセリングルーム 千手観音参り

3 か所目　オフィスはなゑ　七福神参り

4 か所目　新小岩香取神社と玉垣参り
（玉垣とは、神社の周りの垣のことです）

ひとりさんファンクラブで49なる参りのカードと地図を無料でもらえます。
お参りすると1か所につきハンコ（無料）を1つ押してもらえます。
※新小岩香取神社ではハンコはご用意していませんので、お参りが終わったら、
ひとりさんファンクラブで［ひとり］のハンコを押してもらってくださいね!!

ひとりさんのファンクラブ

●住所　〒 124-0024 東京都葛飾区新小岩 1-54-5 1F
（JR 新小岩駅南口からアーケード街へ歩いて約3分）
●電話　03-3654-4949
●営業時間　朝 10 時から夜 7 時まで。年中無休。

斎藤一人生成発展塾
高津りえ校
塾生募集!!

生成発展塾の塾生を募集することになりました。
基本的に通信教育ですから、
日本中どこからでも受けられます。

週に1度問題が配信され、それに対して仲間の答えが聞けたり、自分も考えたり、週の終わりには高津りえ先生の答えのほか、斎藤一人さんの答えが聞けます。
子どもから大人まで、みんなで楽しみながら知恵と魂を向上させていけるという塾です。高津りえ校では、毎月対面授業（参加自由、1回5,400円）もやっています。とにかく楽しいので、ぜひ受けてみてください。
毎月、スピリチュアル講演会もやっています（各会場5,400円）。

斎藤一人生成発展塾 高津りえ校

●お問い合わせ先　03-3651-7193（たかつりえカウンセリングルーム）
●通信授業　月謝 10,800 円（税込）

※上記は、2017 年 10 月現在の情報です。

高津りえ公認
スピリチュアル・カウンセラー
養成校

現在、公認御心《みこころ》カウンセラー、スピリチュアル・カウンセラーが、全国に600人以上いらっしゃいます。

地獄道から天道までの六道輪廻《りくどうりんね》を元に師匠の斎藤一人さんから、わたしが長年教わった「本物のスピリチュアル」を伝授する「スピリチュアル・カウンセラー養成講座」を毎月開催しています。

自分のためにスピリチュアルを学びたい方、スピリチュアル・カウンセラーをお仕事としてやっていきたい方など、詳しくは、高津りえカウンセリングルーム（TEL03-3651-7193）まで、お問い合わせください。受講後、高津りえ公認カウンセラーとして、認定いたします。

スピリチュアル・カウンセラー養成校

●受講1日　（10:00 ～ 16：00）
※16時以降、水晶のお授け式・認定式があります。

●受講料　54万円（税込／分割不可）

※上記は、2017年10月現在の情報です。

デザイン　bitter design
イラスト　熊本奈津子
編集協力　田中麻衣子、楠本知子
編集担当　真野はるみ（廣済堂出版）

斎藤一人　すべての感情は神様からの贈り物
「こじれたココロ」に振り回されてしまうあなたへ

2017年10月30日　第1版第1刷
2017年11月25日　第1版第2刷

著者　斎藤一人　高津りえ
発行者　後藤高志
発行所　株式会社 廣済堂出版
〒101-0052　東京都千代田区神田小川町2-3-13
M&Cビル7F
電話　03-6703-0964（編集）
03-6703-0962（販売）
Fax　03-6703-0963（販売）
振替　00180-0-164137
URL　http://www.kosaido-pub.co.jp

印刷·製本　株式会社廣済堂

ISBN　978-4-331-52132-8　C0095